Ernst Förster

Reise durch Belgien nach Paris und Burgund

AF618922

weitsuechtig

Ernst Förster

Reise durch Belgien nach Paris und Burgund

ISBN/EAN: 9783956560576

Auflage: 1

Erscheinungsjahr: 2013

Erscheinungsort: Bremen, Deutschland

@ weitsuechtig in Access Verlag GmbH. Alle Rechte beim Verlag und bei den jeweiligen Lizenzgebern.

weitsuechtig

Reise

durch

Belgien nach Paris

und

Burgund.

Von

Dr. Ernst Förster.

An meine Frau

Agnes geb. v. Melle.

Mit lieblich holden Mienen,
Wie sie der Morgen zeigt,
So bist Du mir erschienen,
Da schon mein Tag sich neigt.

Du lehrtest mich vergessen,
Was es sei an der Zeit,
Daß ich mich ganz vermessen
Von ihrem Druck befreit.

Der Jugend Traumgebilde
Erfüllen meine Brust;
Ich seh' nur Lenzgefilde
Und fühle Lenzeslust.

Und ob daheim ich stehe,
Ob ich das Haus verließ,
Wohin ich geh' und sehe,
Erblüht ein Paradies.

Du gibst mir das Geleite,
Zieh ich weit in die Welt,
Daß sie an Deiner Seite
Mir doppelt wohl gefällt.

Versucht' ich nun zu schildern,
Nach altgewohnter Art,
In mannichfachen Bildern
Die jüngste Wanderfahrt;

Und ist es mir gelungen,
Ist Licht und Leben drin: —
Ist's weil ich ganz durchdrungen
Von Deiner Liebe bin.

Drum, was ich hier geschrieben,
Kaum darf ich's nennen mein:
Ich dank es Deinem Lieben,
Und darum ist es Dein!

München, im December 1864.

E. Förster.

Inhalt.

I.

Von Dresden nach Belgien. Lüttich. St. Jacques. St. Barthélemy. Musée communale. Harzé. Chauvin.

Wir sind im Frühling des Jahres 1864. Wieder einmal hatte ich mich erquickt an den Schätzen der Dresdner Gemäldegalerie — denn wie man, Herz, Geist und Sinne zu stärken, von Zeit zu Zeit nach Italien gehen muß, so hat man auch die Dresdner Galerie nie genug gesehn —; erfreut auch hatte ich mich am lebendigen Aufblühen der Dresdner Bildhauerschule, in der Werkstatt Hähnel's, wie bei den Nachfolgern Rietschel's, vor allem an der Gruppe der „Nacht" von Schilling, die — leider! nur in Sandstein ausgeführt, für die Brühlsche Terrasse bestimmt — zu den bedeutendsten und vollendetsten Denkmalen deutscher Bildnerei aus unsrer Zeit gezählt werden muß; — ich war von Dresden auf dem kürzesten Wege nach Cöln gereist und hatte an der Seite des rüstigen Dombaumeisters Voigtl die neuesten Arbeiten am Dom besichtigt, dem großen Eindruck, den seit der Wegnahme der Zwischenwand das Innere macht, mit Künstleran-

1

dacht mich hingegeben; mit besonderer Befriedigung wahrgenommen, daß Voigtl alle Uebertünchung der Mauern, Pfeiler und Wölbungen fern hält, so daß die Architektur durch die Reinheit und vollendete Durchbildung ihrer Formen wirkt, und der Stein das allseitig einfallende, oft durch die Glasgemälde gebrochene Licht in zarten Abstufungen lebendig reflectiert; auch das höchst werthvolle städtische Museum hatte ich wieder besucht und mit Vergnügen gehört, wie die Stadt das Andenken der patriotischen Gründer desselben, Wallraff und Richarz, dadurch zu ehren sucht, daß sie auf stete Bereicherung seiner Schätze bedacht ist; — ich war in Aachen eingekehrt, um die Restauration des karolingischen Kirchengebäudes, die höchst merkwürdigen, auch vielleicht der karolingischen Zeit angehörigen Reliefs der Kanzel zu betrachten, bei denen Heidenthum und Christenthum so seltsam verflochten sind, daß man Gefahr läuft, die meergeborene Göttin der weiblichen Reize als Heilige verehren zu müssen; im Rathhaus hatte ich Kehren's nicht ganz glückliche Fortsetzung der Rethel'schen Fresken; dann nahe dem Bahnhof die nach den Plänen von Statz in Cöln im gothischen Styl neuerbaute Marienkirche nebst den gutstylisierten Bildnereien an ihrer Westseite im Flug, aber mit Wohlgefallen betrachtet; — als ich endlich am 10. Junius den Zielen meiner diesjährigen Reise mich nähernd die belgische Grenze überschritt und wenige Stunden später im Hotel de l'Europe zu Lüttich eine erwünschte Stärkung und Ruhe fand.

Lüttich gehört zu den Städten Belgiens, die sich durch einen hochgesteigerten Gewerbfleiß und daran sich knüpfenden Handelsverkehr, sowie durch die Schönheit der Lage im weiten Thale der Maas auszeichnen. Die Kunst dagegen hat hier noch nicht so viele Pflege erfahren, als in Brüssel und Antwerpen. Aber ganz leer geht der Freund derselben denn doch nicht aus.

Ich hatte im verflossenen Jahre die Bekanntschaft des Directors der dortigen Kunstakademie, Mr. Chauvin, gemacht, der von der belgischen Regierung nach München geschickt worden, Bericht zu erstatten über die Ausstellung der bayerischen Zeichenschulen, und freundlich von ihm aufgefordert, bei einem Besuche Lüttichs seinem Hause nicht vorüber zu gehen, klopfte ich an seiner Thüre; und wenn der Tag in Lüttich für mich und meine Reise- und Lebensgefährtin ebenso lehr- als genußreich war, so danken wir es ausschließlich der liebenswürdigen Gastfreundschaft Chauvin's und seiner Gattin.

Die Kirchen von Lüttich gehören nicht zu den Musterwerken der Baukunst; man darf aber nicht laut davon sprechen; in Lüttich selbst, und auch sonst noch, ist man des entzückten Lobes voll, namentlich über die

Kirche St. Jacques. Der Plan derselben ist auch ganz gut, wird aber durch die Ueberladung mit geschmacklosen Ornamenten bis zur Unkenntlichkeit verdorben. Alle Gewölbflächen und Gewölbrippen sind in grellen, bunten Farben bemalt, an der Stelle der Schlußsteine sitzen Engel in Changeant-Gewändern; alle Bogen sind mit spitzenartig durchbrochenen Kämmen besetzt; die Pfeiler mit Baldachinen im ausschweifendsten Flamboyant; fast alle Formen sind willkürlich verwendet und mißverstanden; aber an Einer Stelle wird doch auch ein verwöhntes oder ungenügsames Auge gefesselt: bei den Glasgemälden. Da ist eines mit der Opferung Isaak's, darüber Christus am Kreuz; ein anderes mit der Madonna auf dem Thron, und wieder eines mit Christus als Weltheiland, beide mit den vor ihnen knieenden Stiftern und ihren Schutzpatronen; über ihnen die Apostel; ein drittes mit der Madonna, einem zu ihr betenden Bischof und dem Engel, der sein Wappen hält; dann abermals eine Madonna mit der Stifterin und der heil. Margaretha; über Beiden Apostel; wiederum zwei andere, größere Fenster mit den Stifterinnen vor der Mater dolorosa und St. Margareth, und mit den Stiftern vor St. Gregorius und St. Jacobus. Die Carnation ist farblos; die Gewänder sind dagegen von großer, harmonischer Farbenpracht;! die Architektur, ein Muster feiner, reicher und geschmackvoller deutscher Renaissance, weiß mit Gold und spärlich eingestreuten Farben. Obschon diese Glasgemälde dem Anfang des 16. Jahrhunderts, mithin der Spätzeit der Glasmalerei angehören, so sind sie doch stylvoll gehalten und von besonderer Schönheit der Zeichnung. — Ganz übereinstimmend damit ist im nördlichen Querschiff ein lebensgroßes Crucifix aus Holz mit höchst ausdruckvollem Kopf, aus derselben Zeit.

Ein ganz besonderes Interesse führte mich nach der Kirche St. Barthélemy. Hier steht ein ehernes Taufbecken, das man für die Arbeit eines deutschen Meisters aus dem 13. Jahrhundert hält. Als solches hatte ich es auch selbst in frühern Reisebemerkungen bezeichnet. Wie sah ich mich überrascht, als ich jetzt in diesem Taufstein — weit entfernt ein Werk deutscher Bildnerei des 13. Jahrhunderts zu finden, vielmehr — eine unverkennbar italienische Arbeit des 14. Jahrhunderts, und zwar aus der Zeit und vielleicht nächsten Umgebung Giotto's, erkannte. Nicht nur die Formen des Nackten und der Gewänder, sondern die Weise der Darstellung sind jener Schule angehörig; ja die Taufe Christi ist eine fast wörtliche Wiederholung dieses Gegenstandes in der Bilderfolge der Arena zu Padua. Außer der Taufe Christi enthalten die Reliefs noch: die Predigt des Täufers und die an einigen Juden vollzogene Taufe; die Taufe des Hauptmanns Cornelius durch Petrus; die Taufe des Philosophen Kraton durch Johannes Evangelista. Die einzelnen Bilder sind durch Bäume geschieden; das — ganz runde — Becken wird von zwölf Kühen getragen.

Wie oft hat man in Deutschland den Rath gegeben, wie selten aber den Versuch gemacht, städtische Kunstsammlungen zu gründen! Wie erfreuend ist solch ein Mittelpunkt des öffentlichen Lebens! Lüttich besitzt sein Musée communale. Das Erste, was wir hier sahen, war ein Bild des Markt- und Straßenlebens der Stadt, von einem der seltensten Kunsttalente, dem ich je begegnet. Es ist in vielen hundert kleinen plastischen Figuren (in gebrannter Erde) — der Markt von Lüttich, das wallonische Volk in all seiner eben so wahr als witzig und geistreich ausgesprochenen Natürlichkeit. Zank alter Marktweiber, vertrauliche Klatscherei, Bubenstreiche, Schlägerei, Arretierung, gemüthlicher Handel und Wandel. Der Künstler heißt Harzé, und habe ich nachmals viel von ihm in den Kunstläden gesehen: es ist die Kunst des Genre in der Plastik auf dem höchsten Grade der Vollendung! — Unter den übrigen Kunstwerken des Museums fiel mir zunächst das lebensgroße Bildniß Bonaparte's als ersten Consuls von Ingres auf, ganze Figur in scharlachrother Uniform im Jahre 1800 nach der Natur gemalt. Der Maler lebt und malt noch — er war nicht viel jünger als der Gegenstand seiner Kunst. Wie möchte die Welt aussehen, wäre der auch noch an seiner Stelle! — Daneben hängt eines andern berühmten Malers Jugendarbeit: ein Bettler von Gallait. Wie ist seitdem der Künstler von Stufe zu Stufe des Ruhms gestiegen, während sein Gegenstand unverrückt auf seiner Stelle geblieben!

Von Chauvin besitzt das Musée ein großes Gemälde aus der Stadtgeschichte: wie der Bischof Lambert von Lüttich dem Herzog Pipin von Heristal bei einem Gastmahl heftige Vorwürfe macht wegen seines außerehelichen Verhältnisses zur Alepaïs, der Mutter des großen Carl Martell, ein Bild voll feuriger Leidenschaft, scharfer Charakteristik und kräftiger Farbenwirkung.

Chauvin ist deutschen Künstlern wohl bekannt. In Lüttich geboren, hat er sich unter Schadow in Düsseldorf zum Künstler ausgebildet, und ist mit seinen deutschen Kunstgenossen in stetem, freundschaftlichem Verkehr geblieben. Er ist einer der ersten, wo nicht der erste, der die Beziehungen von Belgien zu Deutschland angeknüpft, Kenntniß und Achtung deutscher Kunst dort bekannt gemacht und ihren Werken Eingang verschafft hat. So hat W. Schadow's heil. Hedwig nebst andern deutschen Bildern durch ihn eine Stelle im Musée von Lüttich erhalten.

Chauvin hat sich aber nicht nur seine Kunst, sondern

auch sein Familienglück aus Deutschland geholt, und wenn sein Hausleben ein Bild des Friedens und der Freude, lieblicher Ordnung und Gemüthlichkeit ist, durchdrungen von Wohlwollen und Güte, von regem Sinn für alles Schöne und von wahrer Geistes- und Herzensbildung, so wird wohl Chauvin ein gut Theil davon seiner lieben Frau aus Coblenz zu gut schreiben, während sein leicht erregbares wallonisches Blut zu ununterbrochener Bewegung und Thätigkeit treibt und der Unterhaltung stets neuen und lehrreichen Stoff zuführt.

Wir machten nach Tisch eine Spazierfahrt auf der Maas und einen Spaziergang nach einem hochgelegenen Wald, zu einer Stelle, von der aus man die Stadt in ihrer ganzen Ausdehnung, das weite, an Feldern, Wäldern und Ortschaften reiche Thal übersehen konnte — ein herzerhebender Anblick, bei welchem stets das Menschenthum mit der Natur um den Vorrang streitet. Wenn im Westen die schwarzen Rauchsäulen von Serain den Platz bezeichnen, wo mehre tausend fleißige Hände das Eisen zu Kriegs- und Friedenszwecken verarbeiten, so ziehen der glänzende Strom zu unsern Füßen, die lachende Flur, der sonnige Wald auf den Hügeln ringsumher unsere Blicke an, und wir preisen die Bewohner glücklich, die hier ihre Heimath haben. Aber Chauvin lächelt und sagt: Die Schornsteine mit den schwarzen Rauchsäulen behaupten das Feld, und dabei könnte man schwarz werden, wie die Erzstatue Gretry's vor der Universität, dem einzigen Denkmal gegenwärtiger Kunstliebe von Lüttich! Dann fügt er in ernsterem Tone hinzu: Bildung, wissenschaftliche, wie künstlerische Bildung erstrebe ich für die Schüler der Akademie; ohne die letztere bleiben sie ungeschickt, ohne die erstere roh. Wissen gibt Freiheit, und Freiheit allein gibt dem Leben einen Werth! Die Aufgabe die er sich gestellt ist schön, aber nicht leicht. Er verfolgt sie zugleich mit der Lust an seinem Künstlerberuf; und wie er sich in letzter Beziehung einen guten Namen gemacht, so werden sein Urtheil, seine Kenntnisse, seine Thätigkeit als Lehrer vom Gouvernement wie von der Bevölkerung erkannt und geehrt.

II.

Antwerpen. Guffens und Swerts. Monumentale Malerei. Leys. Denkfreiheit. Kaulbach's Reformationszeit. Museum der neuen Kunst. Cercle. Dom. Rubens. Der Calvarienberg von St. Paul. Chorstühle im Dom. Kunstgeschichtliche Thätigkeit. Bild in Lièrre. St. Nicolas.

Wir leben in der Zeit großer, tiefeingreifender Umwandlungen. Ihre Endergebnisse wird das gegenwärtige Geschlecht nicht erleben; aber vieles davon ist fühl- und sichtbar. Das allgemeine Streben nach freier, geistiger Bewegung findet seinen Ausdruck auch in den äußern Lebensverhältnissen, und wie wir unsere Gedanken nicht mehr durch irgend eine Schul- oder Kirchenformel einschnüren und zusammenkneten lassen wollen, so reißen wir die alten Stadtmauern nieder und bauen uns in weitem Umkreis um die Stadt neue, luftige Wohnungen mit grünen Gärten, breiten Straßen und schattigen Baumgängen. So wird Antwerpen in Folge der neuen Befestigungslinie in wenigen Jahren sich um das Drei- und Vierfache ihres jetzigen Areals vergrößert haben. Auf dem Wege nach dem Bahnhof rechts und links sahen wir die Vorbereitungen dazu.

Im Bahnhof begrüßte uns Freund Guffens, der Maler, und führte uns in sein gastliches Haus. Je unvermeidlicher die Ausdehnung des Reiseverkehrs die Ausübung der Gastfreundschaft beschränkt, um so dankbarer empfindet der Einzelne, Beglückte es, wenn er in der Ferne, im fremden Land ein Plätzchen findet, wo er sich wie zu Hause fühlt, eingereiht in die Glieder einer Familie. Dies Glück war uns in Guffens' Hause beschert, wo wir zugleich ein ächt flandrisches Künstler- und Familienleben kennen lernen sollten. Herzlich empfangen von der würdigen Hausfrau, die ich schon in Bildern von van der Helst oder Van Dyk gesehen zu haben meinte, und von freundlichen Kindern begrüßt, richteten wir uns häuslich ein und betrachteten die offenen Räume der Wohnung. Guffens bewohnt ein Haus am Place de Meir. Die untern Gemächer sind Besuch- und Speisezimmer; die obern des ersten Stockwerks sind den Cartons von Guffens gewidmet; weiter oben folgen Wohn- und Schlafzimmer. Heut waren auch die Cartonzimmer von Besuchenden erfüllt, denn auf Place de Meir war große Militär-Parade, ein auch für uns interessantes Schauspiel, da es die Physiognomie der Waffenmacht des befreundeten Nachbars uns zeigte.

Des befreundeten? Das Fragezeichen hat seinen Grund. Ich mußte sehr bald inne werden, daß in der uns Deutschen so wichtigen nationalen Angelegenheit der nordalbingischen Herzogthümer Belgiens Bewohner fast ohne Ausnahme auf dänischer Seite stehen. Vergebens führte ich die unzweifelhafte Berechtigung Schleswig-Holsteins, vergebens die Willkürherrschaft der Dänen, vergebens den beiderseitigen Haß, vergebens sogar das eigne Beispiel Belgiens an, das die aufgedrungene Verbindung mit Holland ja auch mit dem Schwert gelöst — man blieb unbeugsam und unbekehrt. Und warum? Man sieht nur Preußen und Oestreicher, und zwar nicht im Namen und Auftrag Deutschlands, sondern als europäische Großmächte mit Uebermacht gegen einen Kleinen handeln; Deutschland erscheint weder auf dem Schlachtfeld, noch in Berlin und Wien; „das Ganze ist eine preußisch-östreichische Ueberhebung, und dafür kann man sich nicht erwärmen.“ So denkt und spricht man in Belgien, und wie ich später erfuhr, auch in Frankreich. Uns aber geht es wie dem Publicum im Faust: „Man glaubt zu schieben und man wird geschoben!“ aber freilich — auf die Seite!

Man kann den Namen Guffens nicht nennen ohne einen zweiten: den seines Freundes S w e r t s. Beide bilden gewissermaßen nur Eine Person, nehmlich als Künstler. Beide sind von Jugend an durch innige Freundschaft verbunden, beide folgen denselben künstlerischen Principien, beide arbeiten stets in Gemeinschaft, so daß sie größere Arbeiten nur gemeinsam übernehmen. Gegenwärtig sind sie mit der Ausmalung der neuerbauten Kirche St. George in Antwerpen beschäftigt. Für uns Deutsche haben diese Künstler noch ein besonderes Interesse: sie lieben Deutschland, deutsche Kunst und Literatur aus angeborner, festgewurzelter Sympathie, wie sie aus dem Bewußtsein der Stammes-Einheit erwächst; sie haben mit rastlosem Eifer für Kenntniß und Anerkennung deutscher Kunst in Belgien gewirkt, wie sie selbst von da, namentlich aus den Werken von Cornelius, Overbeck, Kaulbach ꝛc. Weisungen für die eigne Entwicklung sich geholt; sie haben die große Carton-Ausstellung in Brüssel und Antwerpen im Jahre 1859 veranlaßt, und waren die Haupturheber des Verbrüderungsfestes zwischen belgischen und deutschen Künstlern im Jahre 1861.

Ein Hauptmotiv meiner diesjährigen Reise nach Antwerpen war, das Bild der sieben Sacramente im städtischen Museum für mein Werk der „Denkmale deutscher Kunst" zu zeichnen, da mir eine danach gefertigte Photographie nicht ausreichende Anhaltpunkte dargeboten. Mit großer Zuvorkommenheit wurde ich für mein Vorhaben vom Director Hrn. de Keyser unterstützt. Leider aber fand ich sein Atelier wie gekehrt: weder ein vollendetes, noch ein angefangenes Bild war darin. Aber in Kurzem wird er eine große

Arbeit beginnen. Es ist nehmlich vom belgischen Gouvernement der Beschluß gefaßt worden, zur Pflege der monumentalen Malerei von verschiedenen Künstlern umfangreiche Mauergemälde ausführen zu lassen; de Keyser wird im Vestibule des Museums die Geschichte der Akademie von Antwerpen malen; Leys im Rathhaus die Geschichte der Stadt; Guffens und Swerts im Rathhaus zu Ypern Ereignisse aus der Geschichte von Ypern; de Taye und Lagye in der Aula der Universität Gent die Geschichte der Wissenschaften.

Ich nannte Leys. Hendrik Leys ist einer der interessantesten Künstler der Gegenwart, in einem großen Theil von Deutschland fast noch gar nicht gekannt, da seine Bilder, wenn sie nicht in Belgien bleiben, vornehmlich nach Frankreich, England und Rußland gehen. Er ist durch viele Mittelstationen zu seiner jetzigen Darstellweise gekommen, und an vielen frühern Bildern würde selbst der feinste Kunstkenner zu Schanden werden. Ich habe Gemälde von ihm gesehen, die dem 17. Jahrhundert entlehnt scheinen einen Maler, der eine Dame portraitiert, ganz in der Manier von Rembrandt; eine Reiterschlacht, völlig wie Wouwermann; andre Bilder erinnerten lebhaft an Teniers, Ostade, Maas u. A. Letztlich hat er ein Paar Jahrhunderte weiter zurückgegriffen, um die rechten Wegweiser für seine Ziele zu finden, und seit er sich den ältern Breughel, Memling, Roger van der Weyden und van Eyk zum Muster genommen, ist er beharrlich bei diesen Vorbildern geblieben. So sehr aber auch seine Gemälde dies alterthümliche Aussehn haben, so sind sie doch weit entfernt, Nachahmungen zu sein. Gegenstand und Denkweise machen sie, ungeachtet der Art der Darstellung, Formengebung und Färbung, zu ganz neuen und eigenthümlichen Schöpfungen. Wir fanden auf seiner Staffelei ein angefangenes (für London bestimmtes) Bild: ein Bürgermeister von Antwerpen aus dem 16. Jahrhundert ordnet die Truppen zur Vertheidigung der Stadt. Das Studium der Kostüme und Waffen, verbunden mit einem ebenso genauen Studium der Bildnisse aus der Zeit gibt seinen Gemälden jenen Anstrich von historischer Wahrheit, daß sie Ueberlieferungen aus alter Zeit zu sein scheinen. Ganz in dieser Weise ist ein Gemälde bei Hrn. Huybrechts, einem sehr warmen Kunstfreund in Antwerpen, auf welchem man den Buchdrucker Moretus sieht, der in Gegenwart des Spaniers Fontana dem Blandin die ersten Bogen einer Bibel zeigt. — Ein andres Gemälde von Leys ist „die Bibelstunde in einem protestantischen Bürgerhause des 16. Jahrhunderts“, eine Schilderung des in's Leben eingedrungenen Evangeliums und seiner Wirkung auf einfache, frommgesinnte Menschen, Alt und Jung; wieder ein andres: „Luther als Currentschüler in Eisenach"; und dann eines: „die Einführung der Inquisition in den Niederlanden", wo ein Dominicaner vor der erschreckten und erbitterten Volksmenge das unheilvolle Edict vorliest.

Es drängt sich hier eine Bemerkung in die Feder, die schwerlich auf Täuschung beruht. Als die spanische Willkürherrschaft mit Feuer und Schwert in den Niederlanden gegen die Reformation wüthete, ging mit der Glaubensfreiheit auch das deutsche Element unter. An das Wiedererwachen des deutsch-nationalen Bewußtseins schließt sich unwillkürlich ein freieres Denken. Neben den Bildern von Leys stehen andere in gleicher Richtung. Guffens' erstes Bild war: „Galilei im Gefängniß"; ein jüngerer Künstler, Pauwels (jetzt Professor in Weimar), „malte die Abreise der proscribierten Protestanten aus Antwerpen und ihre Rückkehr"; ein andrer, Ließ, „eine protestantische belgische Familie auf der Flucht vor Alba's Schergen" u. A. m.*) Im Conflict auch der beiden Parteien, die gegenwärtig um das Uebergewicht in Belgien ringen, stehen die deutsch gesinnten Künstler auf der Seite der Liberalen. Antwerpen aber hat noch ein anderes Zeichen gegeben zugleich seiner Freiheit, wie seiner Kunstliebe nach deutscher Art.

*) Weltbekannt ist de Bièfre's Compromiß der Edeln von Brabant gegen Einführung der Inquisition und Gallait's Egmont und Hoorn.

Kaulbach's Carton von der Reformationszeit war im Mai dieses Jahres in Antwerpen ausgestellt gewesen. Noch jetzt war die ganze Stadt voll der Erinnerung an dies Ereigniß. Denn ein Ereigniß ist's gewesen, wie keines vorher. Von früh bis Abend war es eine stete Procession zu diesem Bilde der Verherrlichung des entfesselten Menschengeistes; und als der Saal nach Verlauf von acht Tagen geschlossen wurde, hat das Volk eine zweite Ausstellungswoche mehr erstürmt, als erbeten. Jetzt noch sprach man in allen Häusern von der Herrlichkeit und der großen Bedeutsamkeit dieses Werks und selbst die Kinder auf der Straße riefen sich die Namen der Männer ins Gedächtniß, die sie in dem Bilde gesehen.

Antwerpen hat der neuern Kunst ein eignes Museum gegründet. Obwohl erst im Beginn hat die Gemäldesammlung doch schon ihren bestimmten Charakter: Neben dem Werke eines Meisters hängt sein Bildniß, neben der Caritas von W. Schadow sein Bildniß von Bendemann; so Calame's Bildniß und eine Schweizer Morgenlandschaft von ihm; Brackeleer's Bildniß und seine Dorfschule; Verboeckhoven und eine Schafheerde von ihm; neben Rauchs Victoria seine Marmorbüste von Rietschel; neben architektonischen Plänen von de Bruycker, Roelandt und Kobert gleichfalls ihre Bildnisse. Einen doppelt trüben

Eindruck macht das mißlungene Bildniß von Cornelius von Begas, neben einer schwachen Zeichnung des großen Meisters: „Hagen versenkt den Schatz der Nibelungen in den Rhein"; gräßlich aber ist „der Leichnam Tizian's vor seiner Himmelfahrt Mariä" von Fleury.

Die Kunstliebe Antwerpens beschränkt sich indeß nicht auf die Museen und öffentlichen Werke; in großartiger Weise offenbart sie sich im Zusammenleben mit den Künstlern. Schon seit langer Zeit besitzt Antwerpen ein Künstlerhaus, mit einem schattenreichen Garten, den sogenannten Cercle, als Mittelpunkt des öffentlichen geselligen Lebens. Die Theilnahme der höhern Classen der Bevölkerung ist so groß, daß man so eben beschäftigt ist, das Gebäude ansehnlich zu erweitern und einen Saal zu bauen, der an Flächeninhalt jeden andern in Antwerpen übertreffen wird.

Die Kirchen von Antwerpen bieten den mannichfaltigsten Stoff zu Betrachtungen und Bemerkungen. Vor allen wird man den Dom besuchen, seinen himmelhohen Thurm von ziemlich verdorbener Gothik bewundern, die kahlen Außenseiten und mehr noch den ganz verbauten Chor beklagen, die Weite des Innern mit seinen sieben Schiffen anstaunen, bald aber den Hauptschatz desselben, die Kreuzabnahme von Rubens aufsuchen. Ich hatte mein Reisetagebuch vom

Jahre 1824 bei mir, wo ich zum ersten Male in Antwerpen war, und las, was ich damals über das Bild niedergeschrieben: „Man wird es mir nicht verdenken, wenn ich kein sonderlicher Verehrer dieses gefeierten Künstlers bin; auch hatte ich mir nicht viel von der Kreuzabnahme versprochen. Aber ich belehrte mich eines Bessern. Dies Bild steht allein im Vergleich mit all seinen andern Werken, die ich kenne. Schon von fern wirkt es durch einen zauberischen Lichteffect; näher tretend empfand ich gewissermaßen die Glut einer venetianischen Färbung, erhöht und doch gemildert durch die vollkommen durchgeführte Harmonie. Inzwischen würde mich doch dies Alles noch nicht umstimmen, wenn es nur äußerliches Eigenthum einer gewöhnlichen Rubens'schen Composition, wie etwa der Kreuzigung Petri in Cöln wäre; nun aber geht hier durch die ganze Composition eine wirkliche Empfindung des Gegenstandes; Ruhe ist das Gepräge des Bildes, und Schönheit ist fast keinem der Köpfe abzusprechen. Schön vorzüglich ist der Kopf des Joseph von Arimathia und der Magdalena, die man nicht ganz Profil sieht. Christus ist so naturgemäß und doch ohne das Gefühl zu verletzen, zusammengesunken; und wie gut gewählt ist das Motiv, daß der eine Fuß des Gekreuzigten die Schulter der Magdalena zur Stütze hat! man sieht ihr den Schauer über die kalte Berührung an, aber zugleich, daß

Schmerz und Liebe zu dem Todten diese Empfindung überwinden. Johannes hält beinahe allein die ganze, theure Last — und wie steht er so fest! wie sicher hat er gefaßt! Ich finde durch das ganze Bild befriedigend die Aufgabe gelöst, bestimmt gezeichnete Charaktere durch die Situation, in die man sie bringt, sich aussprechen zu lassen. So geht es, daß Einige sich weniger bei der Handlung betheiligen, der Alte aber oben am Kreuz in der Hast des Niederlassens das Leintuch mit den Zähnen packt. — Der Gesammteindruck des Bildes ist wohlthuend und würde es noch mehr sein, ohne die Figur, die hinter der Magdalena nach uns sich umsieht, und ohne die diagonale Anordnung der Composition, der zufolge zwei leere und zwei volle Ecken entstanden sind. — Die Flügelbilder sind nicht minder interessant: rechts, bei der Darstellung im Tempel, wird der Meister noch reiner im Styl, der Kopf des Simeon könnte in einem Bilde von Raphael seinen Platz haben, und Maria ist eine durchaus edle Erscheinung; auf dem linken Flügel aber, im Besuch bei Elisabeth, ist er wieder ganz der gewöhnliche Rubens, der von der Alten den hochschwangern Leib der Maria mit den Fingern drücken läßt.“ — Ich mußte sagen, daß ich noch heute dasselbe, wenn auch mit etwas andern Worten, schreiben würde.

Nun aber hat Antwerpen noch viele andere Gemälde von Rubens, in Kirchen, im Museum, im Privatbesitz; keines aber von ihnen würde den Vergleich aushalten mit dem Altarbild in seiner Grabcapelle in St. Jacques, wenn dieses vorsichtig von Schmutz, Wachs- und Lampenruß gereinigt würde. Die Composition, Madonna mit Heiligen, ist würdevoll und klar, die Physiognomien der Madonna, des heitern Christkindes, von Maria und Martha, sind von seltener Schönheit; jugendlich kräftig steht — eine Heldengestalt — St. Georg da; St. Hieronymus ist ein blühender Greis, wie der Alte neben ihm, in welchem man — unfaßlicher Weise! — den Gott Saturn erkennen will. Doch was wäre bei Rubens und einer verweltlichten Kunst undenkbar? Auch durch die trübe Decke hindurch sieht man, daß dieses Gemälde ein Wunder des Colorits gewesen, und immer wieder sein könnte.

Eine zweite Perle von Rubens' Kunst besitzt das Museum, eine Klage um den Leichnam Christi, eine Perle, aber freilich nur mit Einer guten Seite! In Pinselführung, Farbenglanz und Harmonie unvergleichlich, stößt das Bild durch die Anordnung des roh am Boden ausgespreizten Leichnams und durch die Gefühllosigkeit der Darstellung, die der Mutter das geschlossene Auge des Todten aufreißen läßt, gewaltsam zurück.

Rubens hat sich in seiner Vaterstadt aber noch ein

anderes Denkmal, mit einer andern Kunst errichtet, nehmlich als Baumeister. Die Façade der Kirche des heil. Carl Borromäus ist nach seiner Zeichnung ausgeführt. Sie stellt die drei Ordnungen der Renaissance — dorisch, ionisch, korinthisch — und zwar in guten Proportionen und ohne die dem Jesuitenstyl eignen Ausschweifungen über einander, und gehört jedenfalls zu den besten architektonischen Compositionen aus jener Zeit.

Es gibt eine Geschmacklosigkeit, die durch ihre Stärke anzieht und fesselt. Das gilt von manchem Werke der Sculptur in Antwerpen, z. B. von der Kanzel in St. Andrée, einer in Holz geschnitzten Gruppe von lebensgroßen Figuren: Christus, der Andreas und Petrus beruft, die vom Nachen im Meer ihre Netze ausgeworfen haben. Im Dom wird die Kanzel von vier dergleichen Statuen getragen; in St. Gudula zu Brüssel stellt sie das Paradies mit einer ganzen Menagerie dar; in St. Pierre zu Löwen eine Felsenlandschaft mit Petri Verleugnung und Pauli Bekehrung. Alle aber sollten übertroffen werden von dem Calvarienberg bei St. Paul in Antwerpen, wo die Apostel in verdrehten Stellungen eine Gasse bilden, durch die man nach einem Felsen gelangt, in welchem arme Seelen in Fegefeuer und Hölle schmachten, unterhalb des Grabes Christi, während auf der Höhe des Felsens die Hinrichtung des Heilandes vor sich geht. Man kann kaum etwas Abgeschmackteres sehen; dafür aber in der Kirche sich reichlich entschädigen durch Betrachtung der aus Eichenholz geschnitzten, ebenso schönen als reichen Beichtstühle. Diese Kunst ist vielfach in Belgien mit Glück und Geschick geübt worden und es darf nicht in Vergessenheit kommen, daß in neuerer Zeit ein belgischer Künstler dieses Faches, Ch. Geerts, noch während der Alleinherrschaft des französisch-belgischen Geschmacks, die herrlichen Chorstühle im Dom von Antwerpen, mit seinen vielen lieblichen Engeln und Heiligenfiguren, im Styl des 15. Jahrhunderts ausgeführt hat.

Welch ein gesegnetes Land ist Belgien! Wie blühen Ackerbau und Handel! wie das Menschengeschlecht! Es ist eine Freude, an den wohlgepflegten Feldern vorüber zu fahren, wo in üppiger Fülle das Getreide ohne Unkraut wächst, auf die schwimmende Stadt im Hafen und in dem neuen, viel größern Bassin, mit den Flaggen aller seefahrenden Nationen, und auf die Berge ausgeladener Waaren am Quai zu blicken; es ist eine Lust, die Kinder auf der Straße spielen zu sehen, diese Jugend voll Gesundheit und Schönheit, den regen Verkehr auf Markt und Straßen, die fröhliche Thätigkeit, den Wohlstand, das selbst bis zum Glanz gesteigerte Behagen. Es ist aber kein bloßer

Schein, der oben aufliegt, um äußerlich sichtbar zu sein: unser Glück und belgische Gastfreundschaft öffneten uns mehr als Ein Haus, und überall, wo wir eintraten, zeigte sich uns der Abglanz der öffentlichen beglückten Zustände in einem zufriedenen und behaglichen, von den freundlichsten Genien der Sitte und Bildung beschützten und geleiteten Haus- und Familienleben.

Daneben fand ich nun, was mich ganz besonders berührt, ein großes und stätiges Interesse für kunstgeschichtliche Forschungen. Die so lange vernachlässigte Geschichte der vaterländischen Kunst hat in Belgien so rüstige und glückliche Arbeiter gefunden, daß sie eine ganz neue Gestalt erhalten muß. Man hat überall die städtischen Archive durchsucht und Entdeckungen gemacht, die auf bedeutende Werke und ihre Meister ein unerwartetes Licht werfen. So verdanken wir Wheale in Brügge die Aufklärung der Lebensverhältnisse Memling's, van Even in Löwen die Kenntniß des Malers Bouts, Wauters in Brüssel den Meister Bellegambe u. s. w. In Antwerpen ist der Archivar Génard besonders thätig in dieser Richtung und wir dürfen demnächst interessanten Mittheilungen entgegensehen. Er führte mich zu einem Gemälde, das in einer verschlossenen Capelle des Domes steht, einer Vermählung Mariä, das mit den Sieben Sacramenten im Museum so sehr übereinstimmt, daß man davon wenigstens an dieselbe Werkstatt und Zeit gewiesen wird. Génard hat eine kurze Beschreibung der Kunstschätze des Doms herausgegeben, sich besonders betheiligt am Katalog des Museums, eine Abhandlung über die Walpurgiskirche von Antwerpen u. m. A. geschrieben. Besondern Werth legt er auf seine Untersuchungen über ein Altarwerk in der Kirche von St. Gommaire in Lièrre, einer belgischen Stadt, südöstlich von Antwerpen. Ich folgte gern seiner Aufforderung zu einem Ausfluge dahin und habe es durchaus nicht zu bereuen. Das Altarwerk ist ein Triptychon, mit der Vermählung Mariä als Mittelbild, Verkündigung und Darstellung im Tempel als Flügelbildern und den übrigen Mysterien des Rosenkranzes in einem Relief-Fries; ferner der Familie des Stifters auf der Außenseite. Man hatte das Werk dem Van Eyk, dem Meister Roger, dem Quentin Matsys, dem Mabuse, dem Jan Gossaert u. A. zugeschrieben. Von diesen Allen gehört es Keinem; darüber kann kein Zweifel sein. Die sehr verdorbene Gothik der Architektur — die Vermählung, wie die Darstellung findet in einer Kirche statt — die Anwendung der Renaissanceformen im Zimmer der Maria und vor ihrem Haus; die mangelnde Strenge der Zeichnung, der ziemlich üppige Faltenwurf, die etwas gezierten Bewegungen nebst einem nicht sehr tief gegriffenen Ausdruck der Gesichtszüge, bei sehr vollkommener

Modellierung und meisterhafter technischer Behandlung, weisen auf das erste, wo nicht schon auf das zweite Jahrzehnt des 16. Jahrhunderts hin.*) Fremder, etwa italienischer Einfluß ist noch nicht wahrzunehmen, die Tradition der Eyk'schen Schule blickt überall durch, aber der strenge Ernst derselben ist verwischt. Der Meister würde zwischen Quentin Matsys und Mabuse seine Stelle finden. — Die Untersuchungen Génard's führen freilich zu einem etwas abweichenden Resultat. Die angebrachten Familienwappen haben ihm die Stifter verrathen: Ritter Jean-Baptiste Colibrant und seine Gattin Jaqueline Meyngiaert nebst ihren Kindern; ihre Altersverhältnisse weisen, nach seiner Meinung, auf 1496 als auf die Entstehungszeit des Bildes hin. Den Maler aber, über den man ganz im Dunkeln bleibt, will Génard aus einer in das Mittelbild gemalten Thiergruppe, einem Affen und einem Bären, errathen, indem er daraus als aus einer Hieroglyphenschrift den Namen Martin de Beer zusammensetzt, den freilich weder die Kunstgeschichte kennt, noch irgend ein Malerregister nennt.

Antwerpen besitzt ein urkundlich beglaubigtes Werk der Malerei von 1497, die Wand- und Glasgemälde

*) Um diese Zeit erhielt die Capelle, wo das Altarwerk steht, auch ihre gemalten Fenster.

der burgundischen Capelle, im Hause des conseiller communal Mr. D'Hanis. Es sind freilich nur Wappen mit Engelfiguren und Arabesken; aber der Kunststyl des 15. Jahrhunderts spricht sich deutlich darin aus und unterscheidet sich wesentlich von dem des Altarwerks von Lièrre.

Ich kann nicht unerwähnt lassen, daß wir mit Freund Guffens einen Ausflug nach St. Nicolas, einer kleinen Stadt an der Straße nach Gent, gemacht, um die dortigen Mauergemälde beider Freunde (Guffens und Swerts), „die sieben Leiden Mariä" zu sehen. Diese Gemälde wurden begonnen, nachdem die Künstler Deutschland und Italien bereist; sie sind von rührender und ergreifender Schönheit; die ersten Werke der von ihnen wiedererweckten monumentalen Malerei und lebendige Zeugen des Bündnisses, das sie mit der deutschen Kunst geschlossen. Zugleich stehen sie da als ein Zeugniß für die Empfänglichkeit des belgischen Volks für die Leistungen einer ernsten, religiösen Kunstthätigkeit, denn nicht aus öffentlichen Fonds, sondern nur durch freiwillige Beiträge wurden die Mittel für die Ausführung beschafft, und es verdient, unvergessen zu bleiben, daß, nachdem das zweite Bild — Christus als Knabe im Tempel — aufgedeckt wurde, Alles, Alt und Jung, Arm und Reich, sich beeilte, den erschöpften Schatz von Neuem zu füllen, damit die Arbeit ja keine Unterbrechung erleide. Sollte ein solcher Vorgang — natürlich für ähnliche Zwecke — nicht überall Nachfolge finden? Es käme auf den Versuch an!

III.

Brüssel. Denkmale. Wauters. Das Museum und der Katalog desselben. Alvin. Wierz und l'Art de l'Indépendance.

Brüssel erreicht man von Antwerpen in einer Stunde, so daß ich einige Tagfahrten dahin unternahm. Wie ist die Stadt so schön! so wohnlich! so interessant! Gleich vom Bahnhof aus führt ein breiter Boulevart nach der rue royale in der obern Stadt. Links breitet der botanische Garten, von einem palastartigen Gewächshaus überragt, seine, von exotischen Bäumen und Sträuchern umgebenen bunten Blumenbeete aus. Wendet man sich oben in der rue royale rechts, so kommt man bald an einen freien Platz, auf welchem ein stattliches Monument, die Säule der Freiheit, sich erhebt, und von welchem aus man einen weiten Ueberblick über Stadt und Umgegend hat. Wie reizend ist das Juwel Belgiens gefaßt! wie lacht Fleiß, Wohlstand, Lust von den grünen, sonnigen Hügeln, und tönt herauf aus den Straßen der Stadt! Weiter hin, vor dem Königsschloß breitet der Park sich aus mit seinen schattigen Laubgängen, und auf der place royale vor der St. Jacobskirche erinnert die Reiterstatue des frommen Streiters Christi, Gottfried von Bouillon, vom Bildhauer Simonis, an eine fast verklungene Heldenzeit; während ein anderer Platz in der untern Stadt (place des martyrs) in seinen Katakomben die Gebeine von Helden der Neuzeit bewahrt, die 1830 für die Freiheit und Selbständigkeit ihres Vaterlandes gefallen und die dieses durch ein Denkmal von der Hand des Bildhauers Geefs geehrt, auf welchem Patria, von betenden Engeln umgeben, die Tage der Befreiung in das Buch der Geschichte einträgt.

Die Bildhauerkunst in Belgien verdankt der patriotischen Begeisterung ganz besondere Pflege, wofür noch mehr als ein Denkmal in Kirchen und an öffentlichen Plätzen Zeugniß ablegt; namentlich hat Geefs bedeutende Werke geliefert, wie er denn soeben die Reiterstatue König Leopold's für Antwerpen beendigt hat.

Zu den thätigsten Kunstgeschichtforschern in Brüssel gehört der städtische Archivist Wauters. Trefflich ist sein Schriftchen über Thierry Bouts, dem durch ihn und den Archivisten van Even in Löwen der gebührende Platz in der Geschichte angewiesen und gesichert worden. Nicht minder exact und neu sind seine Nachrichten über die Lebensverhältnisse von Hugo van der Goes, der in religiösem Wahnsinn gestorben; höchst bedeutend, was er über das Leben, die Herkunft, das Todesjahr und die Werke des Roger van der Weyden in der Revue universelle des Arts 1855 bis 1856 veröffentlicht hat. Das neueste Verdienst, das er sich in dieser Richtung erworben, ist die Entdeckung des Meisters von jenem großen Altarwerk, das sich jetzt in der Sacristei von Notre Dame zu Douai befindet, und das das ursprüngliche und Hauptziel meiner diesjährigen Reise ist. Es war mir daher vor allem daran gelegen, ihn zu sprechen und nähere Erkundigungen über das Kunstwerk, so wie über die Möglichkeit, es zu studieren, einzuziehen. Ich erhielt nicht allein die befriedigendste Auskunft, sondern überdies Empfehlungen nach Douai, die mir sicher von Nutzen sein würden. Es ist doch eine schöne Sache um die Berufsgenossenschaft! Und wenn man sich auch nur vom Druckpapier her kennt, so reicht man sich doch sogleich freundschaftlich und hülfreich die Hand, im Bewußtsein, damit für die Sache zu wirken, der man selber mit Lust und Liebe dient.

Wauters gibt unter dem Titel „Notre prèmiere École de Peinture“ ein Werk heraus, das in 5—6 Lieferungen von je ungefähr 80 Seiten erscheint, und davon die erste Lieferung „Thierry Bouts ou de Harlem et ses fils“ enthält.

Eine Ueberraschung war mir im Museum bereitet. Es ist lange her, daß ich es nicht gesehen. Ich hatte meinen alten Katalog bei mir, bemerkte aber sehr bald, daß er nicht mehr brauchbar war und sah mich nach einem neuen um. Wie erstaunte ich über den Gegensatz! Der alte Katalog hat 150 Seiten in Duodezformat und enthält eine Abtheilung „sculptures". Dem neuen von Edouard Fetis fehlt diese Abtheilung; er hat aber 440 Seiten und zwar in 8°. Noch erstaunenswerther aber ist es, daß er nicht mehr als der alte kleine Katalog kostet: Einen Frank! 440 enggedruckte Octavseiten für 27 kr. (8 Sgr.) — wie geht das zu?

Hier stehen wir vor einem sehr empfehlenswerthen Beispiel. Wenn an andern Orten der Katalog vorzugsweise eine Revenuenquelle seines Verfassers oder Herausgebers ist, und deshalb einen hohen Preis hat, dabei steten Veränderungen durch Umhängen der Bilder, neue Nummern u. dgl. unterworfen wird, so daß man genöthigt ist, immer den neuesten zu kaufen: so ist er hier möglichst zu allgemeiner Belehrung geschrieben. Der Preis ist so niedrig, daß selbst eine neue Auflage sich anzuschaffen, Niemanden drückt, was natürlich, da dieser Preis kaum die Druckkosten deckt, nur möglich ist, wenn der Autor von der Regierung in den Stand gesetzt wird, die Arbeit auszuführen. Was diese selbst anlangt, so ist sie — sogar neben dem vortrefflichen Katalog von Antwerpen — musterhaft zu nennen. Mit großer Vorsicht, Einsicht und Einschränkung sind den Gemälden ihre Künstlernamen gegeben; einem jeden ist eine kurzgefaßte Biographie mit Benutzung der besten Quellen und neuesten Forschungen beigefügt, sodann ist der Gegenstand genau beschrieben, vorkommenden Falls mit ausführlicher Darlegung des zu Grunde liegenden Stoffs. Abweichende, beachtenswerthe kritische Bemerkungen werden angeführt. Ein sehr gewöhnlicher Fehler der Kunstkenner ist die sogenannte Bildertaufe, der zufolge ein Gemälde oft so viel Namen erhält, als eine portugiesische Prinzessin. Bald bietet der Gegenstand, bald eine Physiognomie, bald eine Combination von Traditionen den Anhaltepunkt, der dem nächsten Forscher in der Hand bleibt. Der Katalog thut recht, dergleichen streitige Objecte „unbekannten Meistern" zuzuschreiben, wie z. B. die beiden Bilder der „Verklärung Mariä", die bald Gerard van der Meire, Hugo van der Goes, Goswin van der Weyden, Albert Bouts ꝛc. benannt worden sind. Von ganz besonderem Interesse ist die Geschichte der Sammlung, die der Katalog in großer Ausdehnung mittheilt. Als Belgien 1794 der französischen Republik einverleibt worden, hatte man alle bedeutenden Kunstwerke von dort nach Paris geschafft. Als darauf Paris nicht Raum für alle gehabt, wurde eine Anzahl ausgeschossen für Departemental-Sammlungen, und Brüssel gehörte zu den beglückten Städten, denen eine Galerie zugestanden wurde von Gemälden, die den Rückweg nach Belgien finden sollten.

Schon im Jahre 1795 wurde der Plan gefaßt und von Seite Belgiens war der Dir. Boschaert für das Geschäft ersehen, der Stadt Brüssel einen Theil des entführten Gutes zurückzubringen. Frankreich aber hat leichter Kunstschätze und Königreiche sich einverleibt, als eines oder das andere gutwillig wieder hergegeben. Das Decret, in welchem zuerst der Stadt Brüssel für ihr Museum drei und vierzig von den nach Paris entführten Gemälden zuerkannt wurden, ist vom Jahre 1802. Entsetzliche Enttäuschung! Der unermüdliche Boschaert blieb auf der Warte, um mehr zu gewinnen, und als nach Beendigung des preußischen Feldzugs 1807 die Räume des Louvre zu eng geworden für die geraubten Schätze, war er bei der Hand, um für Brüssel zu erhalten, was für Paris überflüssig geworden. Es gelang ihm, nach vielen vergeblichen Mühen, endlich am 15. Febr. 1811 ein Decret zu erwirken, das dem Museum von Brüssel noch einunddreißig Gemälde zuerkannte. Indeß erst die Waffen der Alliierten vervollständigten 1815 den Katalog, eine Freude, die der rühmliche Schöpfer des Museums, Mr. Boschaert, leider nicht mehr erlebt hat.

Das Museum enthält mehre Werke von hoher und

höchster Vollendung. Zunächst aber interessierten mich die Gemälde der alten Schule, die in großer Anzahl hier aufgestellt sind.

Adam und Eva von Hubert van Eyk sind aus dem Altarwerk in Gent hierher versetzt — mit Recht! sie gehören jedenfalls passender in die Kunstgeschichte, als in eine Kirche. Das Princip des Realismus, womit Van Eyk die neue Schule gegründet, tritt in diesen Figuren in so greller Natürlichkeit auf, daß man schlechterdings in ihnen nichts sehen kann, als zwei ziemlich häßliche Personen, die alle Bekleidungsstücke abgelegt. Kaum begreift es sich, wie neben einer solchen nackten Wirklichkeit sich soviel Poesie entfalten konnte, als das Genter Altarwerk hat; aber so stark war der Trieb, sich von dem überlieferten transscendentalen Idealismus loszureißen, daß das rechte Maß des Realismus nicht sogleich gefunden wurde und um der Lebenswahrheit der Heiligen willen mußten die ersten Sünder sich die äußerste Natürlichkeit gefallen lassen.

Der Katalog gibt auch eine Anbetung der Könige (14), früher im Besitz des Prof. Van Rotterdam in Gent, unter dem Namen Van Eyk's, und zwar des jüngern Bruders Jan. Ich bin sehr geneigt, zu glauben, daß dem Meister dieses Bildes das Glück schon sonst zu Theil geworden, mit Jan van Eyk verwechselt zu werden; und zwar in der Pinakothek von

München, deren Katalog eine ähnliche Anbetung der Könige auch dem Van Eyk zuschreibt. Die Madonnen in beiden Bildern gleichen sich auf ein Haar; die vorherrschend rundlichen Formen und grauen Mitteltöne der Carnation sind beiden gemein; nur ist im Brüsseler Bilde die ganze linke Seite wie mit einer braunen Lasur überzogen. Beide Bilder mögen ums J. 1500 gemalt sein.

Roger van der Weyden ist in neuer Zeit der besondere Gegenstand eifriger Nachforschungen geworden. Nachdem Wauters gefunden, daß er im Jahre 1436 „portraiteur de la ville de Bruxelles“ geworden, fand M. B. Dumortier in Tournay, daß ein „Rogelet de la Pasture“, der kein andrer sein könnte, als Roger van der Weyden, von Tournay gebürtig, im Jahre 1427 zu Meister Robert Campin in die Lehre getreten und am 1. August 1432 selbst die Meisterschaft erlangt habe; eine Behauptung, die durch die neuesten für die flandrische Kunstgeschichte höchst belangreichen archivalischen Studien von M. A. Pinchart, dem Vorstand der allgemeinen Archive des Königreichs, ihre Bestätigung gefunden. Roger hat schon in seiner Zeit einen großen Namen gehabt, so daß selbst Raphaels Vater in seiner Malerchronik ihn rühmend erwähnt, und viele und herrliche Werke ausgeführt, die allmählich — nachdem er und sie lange vergessen und verkannt gewesen — wieder ihm zugeführt werden. Ueber sein Verhältniß zu Van Eyk, als dessen Schüler er gilt, schwebt noch Dunkel, da jetzt Robert Campin, ein freilich gänzlich unbekannter Maler, als sein Lehrer festgestellt ist. Roger war um 1450 in Italien, lebte nach seiner Rückkehr in Brüssel und starb daselbst im Junius 1464.

Die Bilder im Brüsseler Museum, die ihm zugeschrieben werden, sind: der Kopf einer weinenden Frau, Studie zur Kreuzabnahme; sodann 10 Tafeln eines Altarwerks, das aus der Abtei von Afflighem stammt. Der weibliche Kopf findet sich in der bekannten Kreuzabnahme, die inzwischen zum Kreuz für die Kunstgeschichte geworden. Sie befindet sich in einer großen, in der Malweise von 1480—90 ausgeführten Ausgabe im Berliner Museum; in einer kleinern mit der Jahrzahl 1443 und einem Monogramm in der Peterskirche zu Löwen; wiederum in einer größern, auch im Auftrag der Stadt Löwen gefertigten, die nun im Madrider Museum aufgestellt ist. Letztre kenne ich nicht; das Bild in Löwen ist für Roger, der bereits 1432 die Meisterschaft erlangt, zu schwach; das Berliner Bild gehört unbedingt einer spätern Zeit an. Das Madrider Bild wird die Entscheidung geben, welchem Roger ursprünglich die Kreuzabnahme gehört?

Wenn aber Männer, die es gesehen, und es als

ein unbezweifelbar ächtes und ganz vorzügliches Werk Roger's preisen, mit derselben Bestimmtheit das Altarwerk von Afflighem für ihn in Anspruch nehmen, so muß die Autorschaft des ältern Roger vorläufig noch in Frage gestellt bleiben. Im Altarwerk von Affligheim folgen sich: Verkündigung, Geburt, Anbetung der Könige, Beschneidung, Christus im Tempel, Kreuztragung, Kreuzigung, Grablegung, Heimkehr vom Grabe in 10 Tafeln mit ⅔ lebensgroßen Figuren. — In der That: man soll sich achtbaren Urtheilen gegenüber zwar bescheiden oder mäßigen; aber ich muß doch bekennen, daß es mir unerklärlich ist, wie man jemals diese Arbeiten dem Meister Roger hat Schuld geben können. Viel untergeordneter in Zeichnung und Ausführung, im Bildniß des Donators (auf der Kreuztragung) geradezu roh, ist die Darstellung so arm, so nichtssagend und gefühllos in den Motiven (z. B. Magdalena bei der Kreuzigung wendet den Körper rechts, den Kopf links, die Augen wieder rechts; oder Christus im Tempel wie ein kleiner Magister unter Polyphemen ꝛc.), daß ich selbst den Zusammenhang mit der Schule Roger's bezweifeln möchte, wenn nicht hie und da im Farbenton eine Nachahmung durchblickte.

Dagegen scheint eine Kreuzabnahme (48), früher für Memling, von Waagen für „Stuerboul“ erklärt, im engsten Zusammenhang mit der Schule Roger's zu stehen. Dasselbe gilt von einer Madonna mit dem Kind (57) dem sie die Brust reicht, und die vollkommen der Madonna in dem bekannten Bilde Roger's in der Pinakothek zu München gleicht, welche St. Lucas malt.

Von dem liebenswürdigen Schüler Rogèr's, Jan Memling, sieht man drei Bildnisse im Museum: das des Bürgermeisters Wilh. Moreel von Brügge und seiner Frau, und ein unbekanntes männliches Bildniß. Sie sind von großer Schönheit und vollendeter Ausführung. Eine Eigenthümlichkeit der ersten beiden ist es wohl, daß das Wappen des Mannes auf dem Bildniß der Frau, das der Frau auf dem ihres Gatten angebracht ist, was aus der Beischrift sich ergibt.

Von einem oberdeutschen Schüler Roger's, Martin Schongauer, besitzt das Museum ein kleines, aber höchst kostbares Juwel: eine Ausstellung des gefangenen Christus vor dem Volk. Der Heiland steht, mit einem Mantel bekleidet, ein Rohr in der Hand, auf einem offnen Vorbau zwischen Herodes und Pilatus; ringsum das Volk, das den Tod Christi verlangt. Das Gemälde ist wie die feinste Miniatur ausgeführt, höchst charakteristisch und ausdruckvoll in der Zeichnung und vollkommen gut erhalten. Auch hat es des

Meisters Monogramm. Es ist für 1155 Fr. angekauft worden.

Ein andrer Meister der altflandrischen Schule, dessen Namen und Lebensverhältnisse erst in jüngster Zeit, vornehmlich durch die Bemühungen der Archivisten Van Even in Löwen und Wauters in Brüssel ans Licht gekommen, ist Thierry Bouts, ehedem (in Folge einer Verwechslung mit einem Decorationsmaler Hubert Stuerbout zu Löwen) fälschlich Dierk Stuerbout, oder (von seiner Vaterstadt) Dierk von Harlem genannt. Mit Sicherheit wissen wir jetzt von ihm, daß er, 1391 zu Harlem geboren, 1428 für die St. Ursulakirche zu Delft ein Bild des H. Christoph gemalt hat.

Man glaubt, dies Bild in der Sammlung des Museums zu Antwerpen wiedergefunden zu haben (Nr. 19) — wohl mit Unrecht, da die Behandlung des letztern einer spätern Zeit anzugehören scheint, und die Bezeichnung der Urkunde „een groot tafereel" zu dem Maaß des Antwerpner Bildes (1 m. 7 c.) nicht wohl paßt.

Nach dieser Zeit verschwindet Bouts aus der Geschichte und taucht erst 1462 mit einem Hausaltar auf, einem Triptychon: die Köpfe von Christus, Petrus und Paulus, das sich zu Van Mander's Zeiten im Privatbesitz in Leyden befand, seitdem aber verloren ist. Im Jahre 1466 finden wir Bouts in Löwen, beauftragt zwei Altarwerke für die St. Peterskirche zu malen: ein

Triptychon, das Martyrium des H. Erasmus, mit den Heiligen Hieronymus und Bernhard; ferner ein Polyptychon, das Abendmahl mit Abraham und Melchisedech, dem Passamahl, dem Mannasammeln, und Elias in der Wüste. Beide Werke sind wohlerhalten auf uns gekommen; nur ist allein das Triptychon des Erasmus und das Abendmahl noch in der Peterskirche, die vier Flügel des letztern muß man in Berlin und München suchen.

Der Beendigung dieser bewundernswürdigen Gemälde folgten außer einer festen Anstellung (als portraiteur de la ville) sogleich neue Aufträge von Seiten der Stadt Löwen: ein Jüngstes Gericht und eine richterliche Episode aus dem Leben Kaiser Otto's III., beide für das Rathhaus. Das Jüngste Gericht ist verschwunden; die 2 Tafeln der Kaisergeschichte zieren jetzt das Brüsseler Museum, nachdem sie 1827 die Gemeindeverwaltung von Löwen an den König von Holland für 10000 Gulden verkauft, nach dessen Tode sie 1850 zuerst in Besitz der Königin Wittwe kamen, 1861 aber um 30000 Frcs. vom belgischen Gouvernement erstanden wurden. Eine seltsame Geschichte aber ist es, die den alten Rathsherrn von Löwen als aufmunterndes Exempel der Gerechtigkeit vor Augen gestellt worden! Die Gemahlin Kaiser Otto's III. verliebt sich, während ihr Gatte in Italien ist, in einen Ritter an ihrem Hofe, der aber, treu seiner geliebten Frau, ihren Zumuthungen ausweicht. Empört darüber verklagt ihn die Kaiserin bei ihrem Gemahl nach dessen Rückkehr, als habe er ihrer Tugend Schlingen gelegt; und der Kaiser läßt ohne Weiteres den Ritter enthaupten. — Dies der Gegenstand des ersten Bildes, auf welchem man den Ritter, begleitet von seiner Frau und einigen Freunden, zur Richtstätte gehen sieht, dann diese selbst, wo vor Kaiser und Kaiserin die Enthauptung erfolgt ist und die Wittwe das Haupt ihres Gatten an sich nimmt. Nun erbietet diese sich, durch die Feuerprobe die Unschuld ihres Gatten zu beweisen, was der Kaiser genehmigt. Im zweiten Bilde hält sie unverletzt ein glühendes Eisen in ihrer Hand vor dem Kaiser, der, durch dieses Wunder belehrt, nun die Schärfe seines Urtheils gegen die Kaiserin kehrt, die er verbrennen läßt. —

Die Bilder sind von großer künstlerischer und kunsthistorischer Bedeutung; aber vor allen Dingen muß man doch vor diesen Bildern der fortgeschrittenen Bildung sich freuen, daß man nicht mehr so kurzen Proceß mit dem Leben eines Menschen macht, und daß man den Beweis der Unschuld nicht mehr einem „Gottesurtheil", sondern einem gewissenhaften Richterspruch anheimstellt. — Die Figuren des Bildes haben Lebensgröße; zum Nachtheil für den Maler, dessen Talent in kleinerem Maßstabe sich größer zeigt. Die Köpfe freilich sind von bewundernswerther Lebenswahrheit; aber den Gestalten und Bewegungen fehlt doch jenes Ebenmaß und jene Freiheit, durch welche die Darstellung mit Ueberzeugung auf uns wirkt.

Uebrigens muß bemerkt werden, daß die Geschichte, der jeglicher Grund und Boden fehlt, da der Kaiser Otto III. unverheirathet in jungen Jahren gestorben, und die nur als Legende durch's Mittelalter läuft, den Rathsherrn von Löwen von einem Professor der Theologie, Magister Jan van Haecht, als Aufgabe für den Maler empfohlen worden, für welche Bemühung u. Weisheit ihm 1471 sechs Gulden und ein Geschenk in Wein zuerkannt worden. Auch den Maler beschenkte man, nachdem er sein Werk begonnen, zum Zeichen der Zufriedenheit mit Wein, konnte aber damit die sinkenden Kräfte desselben nicht heben, noch gar den bösen Feind mit der Sense zurückhalten. Bouts starb noch vor Vollendung der vertragsmäßig übernommenen Aufgabe. Im Jahre 1480 berief man Hugo van der Goes, der im Rothen Kloster wohnte, als einen der notabelsten Künstler, die man im Lande zu finden wüßte, um zu entscheiden, wie viel den Erben von Bouts von der stipulierten Summe für die nicht ganz vollendete Arbeit zukomme. Gestorben war Bouts im Jahr 1475.

Unter den Werken der alten Schule im Museum zu Brüssel ist eines der merkwürdigsten das Triptychon von Jan Gossaert, bekannt unter dem Namen Mabuse (von seiner Vaterstadt Mabeuge). Nach seinen zahlreichen Werken in allen Galerien kennt man ihn als einen geschickten Nachahmer seiner italienischen Zeitgenossen, namentlich Raphael's. Er hatte aber eine Zeit, in der er noch er selbst war und seiner vaterländischen Schule angehörte. Im Jahre 1495 war er in England und malte die Kinder Heinrich's VII. Vielleicht aus derselben Zeit ist eine Anbetung der Könige, im Besitz des Grafen Suffolk. Im Jahre 1503 ging er mit Philipp von Burgund nach Italien, blieb 10 Jahre daselbst und wurde ein Anderer. Seiner frühern Zeit gehört das Hauptaltargemälde im Dom zu Prag — die Madonna und St. Lucas — an (das man dem Bernhard von Orley zugeschrieben, bis man bei einer Reinigung den Autornamen entdeckte) und ebenso das Triptychon im Brüsseler Museum, das aus der Abtei Dilighem gekommen. Das Mittelbild stellt das Gastmahl bei Simon dar, bei welchem Magdalena dem Heiland die Füße salbt; der rechte Flügel enthält die Erweckung des Lazarus, der linke die Himmelfahrt der Magdalena. Man sieht, der heiligen Sünderin war der Altar geweiht und der Maler hat die Schwester des Lazarus, die fromme, andächtige Maria, für eins mit ihr gehalten. Die Charaktere sind sehr gut gezeichnet, der vornehme Pharisäer Simon, der wegen der Verschwendung der Salbe mißmuthige und gegen die Sünderin verachtungsvolle Judas, der sanft und doch mit Ernst zurechtweisende Christus. Die Darstellung aber hat einige Sonderbarkeiten, namentlich, daß Magdalena, um die Füße zu salben, unter den Tisch kriecht. Schwächer noch in Composition und Zeichnung sind die Flügelbilder; das leinene Gewand des Lazarus ist ein Faltengewirr; Magdalena steht, hat aber nichts unter den Füßen, worauf sie stehen könnte. Aber dennoch ist im Ganzen, sowohl in den Formen, als in der Färbung, der alte strenge Styl festgehalten, und das Bildniß des Richters auf dem rechten Flügel ist von ausnehmender Schönheit. Das Bewunderns-würdigste aber ist der Fleiß, mit welchem die Bischof-mütze und der Krummstab desselben, so wie der Perlenbesatz an den Engelgewändern ausgearbeitet sind.

Ein andrer flandrischer Maler aus der Zeit Mabuse's ist Bernhard v. Orley aus Brüssel, der nicht nur lange in Italien gelebt, sondern unmittelbarer Schüler Raphael's war. (Ihm hatte Raphael die Oberaufsicht der Ausführung seiner Cartons zur Apostelgeschichte übertragen.) Im Museum ist ein Triptychon von ihm, dem man inzwischen des Meisters Aufenthalt in Italien nicht so sehr ansieht, als den gleichzeitigen Arbeiten Mabuse's. Es stammt aus der St. Gudula-kirche in Brüssel und ist die Stiftung eines Geheimen

Secretärs Carl's V., Philipp Hanneton und seiner Gattin, und enthält im Mittelbilde die Klage um den Leichnam Christi. Die Bildnisse sind mit fast Holbeinscher Strenge gezeichnet und modelliert; im Colorit kräftig, auch groß in den Formen ist die Composition, nur etwas schwach in der Anordnung und im Ausdruck, sehr glatt in der Ausführung. Es muß vor 1521 entstanden sein, da das Bildniß Hanneton's offenbar nach dem Leben gemalt, dieser aber 1521 gestorben ist.

Von den übrigen flandrischen und holländischen Malern, die, angezogen und geblendet von dem Glanz der italienischen Sonne, eine Verschmelzung der heimischen und der südlichen Kunstelemente angestrebt, sehen wir im Museum noch zwei Tafeln von Jan Mostaert aus Harlem mit Geschichten des heil. Benedict; ein Abendmahl von Lambert Lombard aus Lüttich, das eine freie Uebersetzung von Leonardo da Vinci ist, und der alten Schule schon sehr fern steht; dann weniger werthvolle Gemälde von Jacob Grimmer aus Antwerpen (Legenden von St. Eustachius und St. Benedict); Jan Swart aus Gröningen, der bei weichen rundlichen Körper- und Gesichtsformen (in einer Anbetung der Könige) wenigstens in den Gewändern den alten Styl möglichst beibehalten hat; Jan van Coninxlo aus Brüssel, der — phantasie- und formlos

— nur noch hie und da eine schwache Erinnerung an die alten Zeiten zeigt.

Dagegen hat es auch nicht an Künstlern gefehlt, die den Geist der italienischen Kunst auf sich einwirken ließen, ohne sich ganz gefangen zu geben. Ein solcher ist der Urheber von zwei Flügelbildern (79) (die Mitte scheint verloren) aus der Kirche du Sablon mit Joachim's Zurückweisung und der Geburt der Jungfrau, ausgezeichnet durch Schönheit der Formen und Gesichtszüge, wie durch Vollkommenheit der Zeichnung und Ausführung und einen sehr reinen Geschmack. Der Katalog nennt keinen Namen dafür.

Ein Meister, der durch viele Sammlungen als Räthsel geht, ist der Maler vom Tode der Maria aus Cöln. Ihm gehören zuverlässig die beiden Anbetungen der Könige der Dresdner Galerie (1801 und 1802), die daselbst unter Mabuse's Namen aufgeführt werden. In Brüssel finden wir von derselben Hand eine heilige Familie (76), in welcher die Maria ganz der Dresdner (1801) gleicht, nur ohne deren Bleifarbe, die wie eine Ueber- (oder bloße Unter-) malung aussieht; die Anbetung der Könige aber (77) ist geradezu eine Wiederholung des Dresdner Bildes (1802).

Kunsthistorische Betrachtungen der Art, wie ich sie bisher im Museum von Brüssel angestellt, haben das

Eigene, daß sie nicht nur sehr viel Zeit, sondern auch so viel Sehkräfte in Anspruch nehmen, daß man eine Pause machen muß, ehe man zu den Werken einer spätern Periode übergeht. Aber welche außerordentlichen Schätze bewahrt die Sammlung! Mit Unrecht würde man das wundervolle Bildniß des Thomas Morus von H. Holbein unter die „alten" Bilder gestellt haben, wenn man damit eine Periode der nicht vollendeten Kunst hätte bezeichnen wollen; es steht auf dem Gipfelpunkte des Wegs der alten Schule, deren Hauptthätigkeit auf die religiöse Geschichtsmalerei angewiesen war. Grade diese, mit der gesammten Historienmalerei, gewährt im 17. Jahrhundert wenig Interesse, während wir aus dieser Zeit die herrlichsten Bildnisse, Genrebilder und Landschaften zu bewundern haben. Welches Bildniß läßt sich dem männlichen von Rembrandt (277) vom Jahr 1641 vergleichen? oder dem des Bürgermeisters Delasaille von Antwerpen von Van Dyk? während dessen Bacchantenscene mit der bekannten von Rubens in der Münchner Pinakothek um den Vorrang der Gemeinheit und Häßlichkeit ringt.

Von hoher Vortrefflichkeit ist das Bildniß von Rembrandt's Frau von Ferd. Bol (121), wahrscheinlich vom Jahre 1640, wo Bol bei Rembrandt malte; dagegen hat mich keines der 11 Gemälde von Rubens zu fesseln vermocht, obschon sie großentheils zu denen gehören, die die unfreiwillige Reise nach Paris haben machen müssen.

Daß man hier köstliche Bilder von Teniers und Ostade, Metsu, Schalken und Weenix, von Jan Steen, Maas und Sibrechts sieht, kann nicht in Verwunderung setzen, so wenig, als die Prachtlandschaften von van der Neer, Ruysdael und Both; daß man aber auch einen Claude ersten Ranges hier findet, dürfte eher überraschen.

Einer der thätigsten Schriftsteller auf dem Gebiet der Kunstliteratur in Belgien ist Mr. Louis Alvin, Conservator der kön. Bibliothek. Seine Vorträge in der Akademie; seine Berichte über Kunstausstellungen; seine Brochüren über ältere Kunst- und Industriedenkmale, vornehmlich über die Abteikirche von Nivelles u. m. a. zeigen den ebenso gewandten, als intelligenten Autor; sein Rapport über die Ausstellung der bayrischen Zeichenschulen bestätigt seine warme Theilnahme an den Fortschritten, welche die Kunst im Leben macht und zu machen hat. Ich hatte ihn in München kennen gelernt und fand mich noch ganz frisch in seinem Andenken. Mit großer Gefälligkeit zeigte er mir die Schätze der Bibliothek, unter denen die Miniaturen von Simon Nockaert in der Chronique du Hainau von 1450, sowie eine Pergamentzeichnung mit dem

Bildniß des Wenzel von Luxenburg mir von besonderer Wichtigkeit erschienen.

Ich sollte übrigens meinen Tag mit einer Kunstspeise anderer Art beschließen. Ich hatte bereits vom Maler W i e r z und seiner neuen Erfindung der „peinture mate“ gehört, mit welcher er Oel-, Fresko-, Tempera-, Wachs-, Wasserglas- und Harzmalerei zu verdrängen verspricht. Ich wußte auch, daß er es für Aufgabe der Kunst hält, sich an die Augen, nicht an den Geist des Beschauers zu wenden; daß er Naturalist in so hohem Grade, daß er ein so leidenschaftlicher Freund des „Wahren“ ist, daß er selbst das Unmögliche nur als volle Wahrheit darbieten mag. Schon vor langen Jahren hatte ich einen heil. Dionysius von ihm gesehen, der mit seinem eben abgeschlagenen Haupte seine entsetzten Henker in die Flucht jagt. Das war ein schwacher Anfang in der Richtung, die er eingeschlagen, eine unzureichende Vorbereitung für das, was wir in seinem Atelier sehen sollten.

Ehe ich meine Leser einlade, uns in diese seltsame Werkstatt zu folgen, bemerke ich, daß wir es mit einem Künstler von großem Talent und überraschender Durchbildung zu thun haben; daß es vielleicht nicht einen zweiten gibt, der im K ö n n e n den Wettkampf mit ihm bestehen würde. Phantasie, Vorstellungsvermögen besitzt er in hohem Grade und Schönheitsinn ist ihm nicht abzusprechen. Und dennoch — wem möchte es wohl werden unter seinen Werken, die wie die Träume eines Fieberkranken Sinn und Gedanken bald in Feuergluthen werfen, bald das Herz zu Eis erstarren machen; bald in luftleerer Höhe schweben, bald in die schlammigste Tiefe versenken, bald zum Lachen reizen, bald mit Entsetzen und Schauder den Athem benehmen? Es ist „l'art de l'indépendance“ die schrankenlose Kunst, wie der Künstler sie selbst in dem Placat an der Thüre der Werkstatt bezeichnet hat.

Betrachten wir nur einige der hier aufgestellten, zum Theil riesengroßen Bilder! Gleich am Eingang bedecken deren drei neben einander die Wand: die drei letzten Minuten eines Verbrechers vor der Hinrichtung. Im ersten Bilde drängen sich durch einander die Bilder der Verführten und Ermordeten, der eignen noch unschuldigen Kindheit, der unglücklichen Frau und der eignen Kinder, des Vaters und der Mutter und daneben der Verlockung zur Sünde; im zweiten treten die Vorstellungen des blutigen Todes, der voraussichtlichen Höllenstrafe heran und verschmelzen sich mit den noch nicht ganz verschwundenen Lebenserinnerungen; im dritten ist es bereits schwarz worden vor den Augen des Verbrechers; er sieht nur noch dunkle Punkte, die sich hie und da zu Fratzen erweitern, und einen ungeheuer großen, mit Nägeln beschlagnen Stiefel, ob den eignen oder den des Scharfrichters bleibt unentschieden, genug, daß er so täuschend mit der Sohle aus dem Bild heraussteht, daß man fürchten kann, sich daran zu stoßen. — „Zwei junge Mädchen“ heißt ein Gemälde, auf welchem ein ganz nacktes Mädchen vor einem Skelet steht und es betrachtet. — „Der Leuchthurm von Golgatha“ ist eine mächtige, aber schwer zu entwirrende Composition, mit dem flammensprühenden Kreuz in der Höhe, das ringsum Verderben verbreitet, natürlich den Bösen. — „Die letzte Kanone“ ist ein Bild, auf welchem hoch in Lüften ein riesiges Weib, wahrscheinlich der ewige Frieden, eine Kanone zerbricht. — Auf einem andern Bilde sieht man ein Bein von ungefähr 8 Fuß Höhe vom Knie zur Zehe, zu dem sich denn auch die übrigen Körpertheile in Verkürzung vorfinden, nebst einigen Menschen-Ameisen daneben, deren eine oder zwei der Riese zwischen den Zähnen hat; es ist Polyphem, der die Gefährten des Ulysses verspeist. — „Ein homerischer Kampf“ ist ein Kannibalen-Blutbad. — In mehren der Gemälde sprach sich belgischer Patriotismus und Franzosenhaß in ungeheuchelter Schärfe aus. „Le soufflet d'une dame Belge“ ist noch leidlich zahm gehalten. Ein französischer Officier will ein ganz entkleidetes Weib — das ist freilich die „dame Belge!“ —

mit Gewalt umarmen und erhält dafür eine offenbar sehr gesalzene Ohrfeige. — Auf einem andern Bilde wird eine belgische Mutter mit ihren Kindern von Franzosen niedergeschossen. — Dann hat er den ersten Napoleon dargestellt, in der Hölle, mitten in Flammen, und bestürmt von Weibern, Männern, Kindern, die ihm die abgeschossenen Köpfe oder Gliedmaßen ihrer in seinen Schlachten gefallenen Angehörigen vorhalten. — Das Gräßliche bis zum letzten Ausdruck zu bringen, scheint eine Lieblingsaufgabe von Wierz zu sein. Todtengräber führen einen Sarg fort, an den sich heulend und in Verzweiflung sinnlos einige zerlumpte Kinder anzuklammern scheinen, während ihre Mutter erstarrt, — der das kärgliche tägliche Brot geschafft, liegt im Sarge. — Die Schrecken der Cholera und ihre Verwüstungen sind für Wierz ein reizender Gegenstand; aber er begnügt sich nicht mit dem Schauer des wirklichen Todes: durch eine Fensterluke sieht man in ein Todtengewölbe hinab, in dem ein lebendig Begrabener erwacht und vergebliche Anstrengungen macht, den Sargdeckel zu heben. — Den Moment des Selbstmordes will uns der furchtbare Künstler zeigen: noch ist die Hand mit der Pistole erhoben, aber der Kopf ist schon zersprengt und im Pulverqualm erkennt man Schädelstücke und an der Wand klebt das Gehirn des Unglücklichen! — Eine Dame ist mit ihren Kleidern dem Feuer unvorsichtig nahe gekommen; sie brennt, und ihr Kind, das angstvoll sich an die nach Hülfe schreiende Mutter anschließt, verbrennt mit ihr! — Einer solchen Phantasie muß selbst das Komische sich in's Gräuliche verwandeln, wenigstens in's Ekelhafte. Die lustige Geschichte der armen Leute, denen die Fee drei Wünsche freigestellt, und bei der Gewinn und Verlust einer Wurst Anfang und Ende bilden, hat Wierz in kolossalen Figuren so dargestellt, daß man sich vor der Frau mit der zum langen Dickdarm verlängerten Nase so gut entsetzt, als ihr aufgebrachter Mann.

Wierz weiß die täuschendste Naturnachahmung zu erreichen; dennoch begnügt er sich damit noch nicht; er steigert sie durch künstliche Vorrichtungen. Man sieht durch eine kleine Oeffnung in einer spanischen Wand in einen dunkeln Winkel, aus welchem ein großer Hund hervorschaut; durch eine andere die halbgeöffnete Thüre eines sehr geheimen Cabinets, aus der weder brummig und beißig, noch verlegen, eine leichtfertige Dirne lächelnd nach uns sieht. — Auch zu Späßen benutzt Wierz seine optischen Künste: ein großer an die Wand gemalter Frosch erscheint durch eine solche Tapetenluke als ein Philosoph; durch eine andere mit der Ueberschrift: „le portrait à la minute!“ erblickt man sich selbst in der Narrenkappe. — Wierz hat sich auch erhabene Themata gewählt und bei seiner unverkennbar großen Befähigung der Ausführung müßten sie bedeutende Wirkung machen, wenn er sich den Gesetzen künstlerischer Anordnung und maßvoller Darstellung fügen könnte. Es herrscht aber auch hier eine sich überstürzende Verwirrung. Der Art ist der Triumph Christi; der Fall der Bösen; der Aufschwung der Menschen zum Himmel; das Triptychon mit dem todten Christus, dem bösen Engel und der ersten Menschenmutter.

Wierz ist auch Bildhauer. Obschon hier die Kunst die Zügel straffer hält, hat er es doch verstanden, das Gräßliche handgreiflich vor Augen zu stellen. In dem „ersten Kampf" haben sich die Streitenden mit den Zähnen angefallen, nachdem den Einen sein Schwert im Leibe des Andern abgebrochen und er nur noch den Griff in der Hand hat zu Wehr und Mord.

Aber schließlich will doch der Maler einen, wenn nicht sittlich ernsten, doch sinnlich heitern, wo nicht gar verführerischen Eindruck auf die Besucher seiner Werkstatt hervorbringen. In einer Ecke derselben scheint ein besonderer Ausgang zu sein; er ist verschlossen. Aus dem offenen Fenster darüber schauen sehr bedenklich verlockend drei reizende Mädchen in durchaus nicht nonnenhafter Tracht. Sie sind eingeschlossen und

— bewacht. Wir sehen im offnen Fenster über ihnen den Hüter, der den Zugang zum Hause zu überwachen hat. Aber — er ist fest eingeschlafen und die Mädchen scheinen es zu wissen.

IV.

Museum von Antwerpen. — Gent. Canneel. St. Bavon. St. Sauveur. Die Ruinen von St. Bavon. Die Beguinage. Oelmalerei. Wandmalereien (im Schlachthaus, in der Biloque).

Zurückgekehrt nach Antwerpen mußten wir an unsere Weiterreise denken. Meine Arbeiten im Museum hatte ich beendigt; ich mochte aber nicht scheiden, ohne noch einmal mit dem vortrefflichen Katalog in der Hand die Schätze der ältern Kunst zu mustern.

Vier altitalienische Bilder von kleinem Format hat man in Einen Rahmen gefaßt. Die Verkündigung (3. 4.), die man dem Symon Martini gegeben, halte ich für eine Arbeit des Lippo Memmi. Die Kreuzigung und die Kreuzabnahme (5. 6.), die man derselben Hand zugetraut, würde ich mit Giotto's Namen bezeichnen. Alle vier Täfelchen sind werthvoll und wohlerhalten.

Die Sammlungen der belgischen Städte sind besonders wichtig für die Geschichte der altflandrischen und holländischen Kunst. Die Thätigkeit der belgischen Kunstgelehrten ist auch hauptsächlich darauf gerichtet.

Der (neue) Katalog des Museums von Antwerpen, eine gemeinsame Arbeit der Herren de Laet (Verfasser des alten Katalogs), Leon de Burbure, Theodor van Lerius und Pierre Génard hat in Sichtung der Benennungen, vornehmlich aber in Berichtigung biographischer Notizen über einzelne Künstler. Außerordentliches geleistet. In Betreff der authentischen Nachweisungen und der Kritik läßt er noch Einiges zu wünschen übrig. Worauf, möchte man z. B. fragen, gründet sich die Annahme, daß das Bild Nr. 7, Madonna mit dem Kind, das eine schwache Arbeit aus der Schule Memling's zu sein scheint, von Hubert van Eyk, dem größten der großen Meister sei? Allerdings wird es, wie auch der heil. Hieronymus von Peter Christophsen (Nr. 13, als „angefochten" bezeichnet; aber der Name steht doch obenan. Von großer Wichtigkeit würde die Begründung sein der Benennungen von Nr. 20, Josse de Gand, und Nr. 23 ff., Gerart van der Meire, da wir bei deren Bildern meistentheils auf Traditionen und Vermuthungen verwiesen sind. Der Katalog vereinigt in dem Namen Josse zwei Namen: Jodocus und Justus, und läßt den Träger desselben einen Schüler des 1426 verstorbenen Van Eyk sein und 1474 in der Kirche St. Agata zu Urbino das Abendmahl malen. Beides vereinigt sich so schwer, als das Namenpaar. Jodocus war ein Einsiedler, der mit seinem Stab ein Quelle aus dem Boden hervorgerufen; Justus ein Märtyrer, der mit Blei um den Hals ertränkt worden. Das hier einem der beiden, unter dem Schutz der beiden Heiligen getauften Maler zugetheilte Bild ist eine Geburt Christi (Nr. 20), sehr unbedeutend in Zeichnung, Styl, Motiven und Ausdruck, auch ohne Formenschönheit und Mannichfaltigkeit, hat aber in der Anordnung eines obern und eines untern Engelchors etwas Eigenthümliches. — Ich sah bei einem Kaufmann in Antwerpen, Herrn J. Haest, ein Gemälde, die Auffindung des Kreuzes, das auch Justus von Gent zugeschrieben wird. Das Kreuz liegt auf einem Mädchen, das dadurch vom Tode erwacht. Die Kaiserin kniet betend daneben. Die Trachten im Bild weisen auf das letzte Drittel des 15. Jahrhunderts. Die Behandlung ist sehr vollkommen, die Malerei wie gegossen. Sie erinnert an keines der mir bekannten Bilder, am wenigsten an das im Museum; in den Charakteren streift es an Bouts, ist aber in der Färbung kühler, silberfarben, während Bouts den warmen Goldton hat.

Was Gerart van der Meire betrifft, so wissen wir jetzt, Dank der Forschungen des Mr. Felix de Vigne, daß im 15. Jahrhundert eine ausgebreitete Künstlerfamilie van der Meire in Gent gelebt, in welcher 1452 Gerart, Sohn des Peter v. d. Meire, als Maler aufgeführt ist, der in dieser Zeit das Meisterrecht erlangt. Von ihm ist ein Altarwerk in St. Bavon zu Gent, nach welchem er unter die Schüler des Jan van Eyk gerechnet worden; was nicht wohl anzunehmen, da dieser bereits 1441 verstorben war. Das dürfte denn eher von den ältern van der Meire's gelten, deren einer, Jan, 1436, der andere, Gilles, 1440 Meister geworden, und bei denen Gerart gelernt haben wird. Das Museum führt unter seinem Namen ein Triptychon mit der Darstellung im Tempel, Christus als Knabe unter den Schriftgelehrten, und der Kreuztragung auf, ferner eine Kreuzigung und eine Grablegung, endlich ein Diptychon mit der Mater dolorosa und der Stifterin aus der Familie von Wildenberghe; sämmtliche Bilder aber ohne nähere Begründung.

Dagegen besitzt die Sammlung zwei beglaubigte Tafeln von Jan van Eyk. Die eine ist ein kleines, reizendes, auf's feinste ausgeführtes Madonnenbildchen vom Jahre 1439 mit dem Motto (das er auch auf seiner Frauen Bildniß in der Akademie zu Brügge gesetzt): ALC IXH XAN „Als ich kann.“ Die andere ist nur eine Zeichnung, die Untertuschung eines Bildes der heil. Barbara, wie jene mit des Meisters Namen, und der Jahrzahl 1437. Mit größter Sorgfalt gezeichnet sind darauf im Hintergrund, wo sich ein gothischer Thurm erhebt, eine große Menge Menschen, Bauleute, Spaziergänger, Ritter 2c. Die Heilige sitzt im Vorgrund, in einem Buche blätternd, eingefaßt von den Falten eines großen Mantels, die das Aussehen haben, als sollten sie ihr zum Postamente dienen. Es ist nicht uninteressant, zu hören, daß diese Tafel, die jetzt mit 1000 fl. nicht aufgewogen würde, im J. 1800 aus einer berühmten Sammlung, ich glaube in Harlem, um 35 fl. 10 sols gekauft worden ist. — Ein drittes Werk von Jan van Eyk ist nur eine Wiederholung des Altarbildes mit Madonna, St. Georg, St. Donatian und dem Stifter Canonicus van der Paele, vom Jahre 1436, das sich jetzt in der Akademie zu Brügge befindet und das etwas hart in der Zeichnung und grell in der Färbung ist.

Von den beiden, vorzüglich schönen Männer-Bildnissen Memling's ist das eine (Nr. 36) besonders wichtig, weil es das wahrscheinliche Monogramm des Künstlers enthält, ein mit einem h verflochtenes m, gothischer Schrift. — Unter demselben Namen wird noch immer das Doppel-Diptychon (37—40) im Katalog aufgeführt, obschon mit der Bemerkung, daß es ihm nicht gehört. Es gehört aber auch nicht Einem Meister, wie der Katalog annimmt, sondern entschieden zwei verschiedenen Händen. Während das eine

Diptychon mit Maria und dem Donator der ältern Schule angehört, sind die Rückseiten eine spätere Arbeit. Das darauf befindliche Monogramm C. H. wird auf einen Maler Cornelius Herrebout aus Brügge gedeutet. Das Werkchen selbst kommt aus der Abtei von Dunes bei Brügge, welcher Robert de Clerq, der Stifter desselben, von 1519—1557 als Abt vorgestanden.

Ueber das große Triptychon von Quentin Matsys mit der Grablegung, dem Martyrium der beiden Johannes und ihren Bildnissen auf der Außenseite ist so viel gesagt und geschrieben worden, daß man sich begnügen kann mit der Bemerkung, daß es alle Vorzüge und alle Mängel des Meisters in sich faßt und daß es ungeachtet der letztern eines der bedeutendsten Werke deutscher Malerei ist. Aber daran, als an weniger Bekanntes, darf erinnert werden, daß erst in neuester Zeit der Novellenschimmer von diesem Namen genommen ist und daß nur noch Antwerpen und Löwen sich nicht gründlich verglichen haben über die Ehre, ihn in ihren Taufregistern zu besitzen.

Am meisten beschäftigten mich diesmal im Museum die Sieben Sacramente von Roger van der Weyden. Vergleicht man dieses Werk mit der Anbetung der Könige in München, oder in Berlin, oder dem mediceischen Hausaltar in Frankfurt, so steigen Zweifel in Einem auf an seiner Autorschaft der Sacramente. Sie schwinden aber bei näherem Eingehen in den Geist und die Formengebung des Werks und bei der Erwägung, daß es, eine Stiftung des Bischofs Jean Chevrot von Tournay, einer frühern Periode des Meisters, wahrscheinlich der Zeit von 1437—1440 angehören müsse. Das aber tritt stets klarer hervor, daß er, der so lange in Vergessenheit geblieben, der bedeutendste Nachfolger der Gebrüder Van Eyk ist, dessen Geschichte vollkommen aufzuklären eine der rühmlichsten Leistungen der Kunstforschung sein würde.

Am 21. Junius verließen wir Antwerpen, begleitet von den aufrichtigen und warmen Glückwünschen unserer Freunde und voll von Erinnerungen an die Herz und Geist erfreuenden Tage, die wir mit ihnen durchlebt, und waren in wenigen Stunden in Gent. Hier ist's viel stiller als in Antwerpen und sieht viel alterthümlicher aus. Primitiver vor allem ist das Straßenpflaster, auf welchem hin und her zu gehen gelegentlich als Torturmittel angewendet werden könnte.

Zunächst suchte ich den Maler Canneel, den Director der Kunstakademie, auf und freute mich, von dem Künstlerfest in Antwerpen (1861) her in seiner Erinnerung geblieben zu sein, und ihn für Gent zum freundlichen Begleiter zu haben. Natürlich gingen wir zuerst nach St. Bavon, das Altarwerk der Brüder

Van Eyk, vielmehr die Reste desselben zu sehen. Bekanntlich sind die Flügelbilder in Berlin, Adam und Eva aber in Brüssel. Ich habe es zuerst 1824 und ich muß gestehen, mit geringem Verständniß gesehen. Seitdem hab' ich es wiederholt gesehen, studiert und gezeichnet und darüber sowohl in meiner deutschen Kunstgeschichte als in den „Denkmalen der deutschen Kunst" mich ausführlich geäußert, so daß ich jetzt nur hinzufügen kann, daß die vor einigen Jahren vorgenommene Restauration mit Geschick und Schonung ausgeführt worden. Wenn man aber fort und fort das Altarwerk „die Anbetung des Lammes" nennt, so kommt mir das so gedankenlos vor, als wenn man die Ilias den „Tod des Patroklos" nennen würde.

In einer andern Seitencapelle derselben Kirche ist ein Triptychon, das mich ganz besonders interessierte wegen der Unsicherheit, die, wie schon oben bemerkt, über die Arbeiten seines Urhebers herrscht. Es ist eine Kreuzigung mit Moses am Felsenquell und Moses vor der ehrnen Schlange auf den beiden Flügeln; als Meister des Werks wird — so viel ich weiß mit sicherer Begründung — Gerart van der Meire bezeichnet. Die Composition ist sehr figurenreich; der Gedanke, der die drei Theile zu einem Ganzen vereinigt, leicht verständlich: die an einem Kreuz von Mose aufgerichtete ehrne Schlange schützte vor dem zeitlichen Tode, wie Christus am Kreuz vor dem ewigen schützt; Mose schlägt Wasser aus dem todten Felsen: so erweckt der Gekreuzigte die Todten zum ewigen Leben! Der Grundton dieser Bilder ist licht, hell gelblichgrün ist die Landschaft, sehr hell und changierend sind die Gewänder, ohne Localfarben und ohne tiefe Schatten. Das sind Eigenschaften, die auf einen unmittelbaren Zusammenhang mit van Eyk nicht deuten, aber mit dem spätern Auftreten dieses Künstlers sich leichter vereinigen. Auch die Darstellung, Anordnung und Formengebung stehen um vieles tiefer. Die meisten Motive sind schwach, Moses am Felsenquell hat einen Balken in den Händen statt des Zauberstabes, nur hie und da — z. B. bei dem verschmachtenden Greis vor der ehrnen Schlange — ist dem Maler ein lebendiger Ausdruck gelungen; die Formen sind scharf geschnitten, das Gefälte oft unnütz gebrochen. Die Schwäche in der Composition tritt noch deutlicher hervor an dem Sockelbild, das ich im J. 1824 bei Mr. de Bast sah und das jetzt im Besitz eines Mr. Van Ruyk ist, der die Güte hatte, uns dasselbe zu zeigen. Es stellt die Erstürmung Jerusalems durch die Römer vor und ist ganz in der Manier der Nürnberger Kleinmeister, etwa des Fesele, gedacht. Die Figürchen, gegen 600 an der Zahl, sind selbst im Verhältniß zum kleinen Raum sehr klein und bilden nur die Staffage des landschaftlich behandelten Bildes: rechts die Stadt mit einem hohen gothischen Dom und vielen niederländischen Häusern, links die Belagerer in den Waffen des 15.—16. Jahrhunderts, mit einer Art Riesen-Katapult (Blyde,, den sie gegen die hohe Stadtmauer führen. Auf dem nahen Berge eine Menge Kreuze, daran die Gefangenen getödtet werden. In der Stadt allerhand Gräuel der Römer, aber auch der Juden, wie man denn in eine Stube sieht, wo eine Frau ihr Kind braten will. Das Praktische in der Behandlung, wie z. B. die goldenen Verzierungen auf den Waffen eigentlich nur andeutungsweise, nur auf den Effect, aufgesetzt sind, hat der Künstler hier besonders gezeigt und damit seine Entfernung von der van Eyk'schen Schule deutlich hervorgehoben. Nicht zu übersehen aber ist, daß „die Zerstörung Jerusalems" einen wesentlichen Bestandtheil seiner Conception ausmacht: sie ist die gerechte Strafe, die nothwendige Folge von der Kreuzigung Christi!

Ich kann hiebei mein Befremden nicht unterdrücken darüber, daß man so oft das nicht sieht, was man auf der Hand hat. Man hat es in Gent von jeher gewußt, daß dieses Sockelbild zu dem Altarwerk van der Meire's in St. Bavon gehört hat; Maße und Manier stimmen auch vollkommen; dennoch zerbricht man sich den Kopf darüber, wer es wohl gemalt haben könne? Die Einen schlagen Hubert van Eyk vor,

Andere setzen dagegen Memling ein und finden sogar sein Bildniß unter den Belagerern. Selbst Prof. Serrure, der 1862 eine anziehende Brochüre darüber herausgegeben, läßt die Frage unentschieden, denkt gar nicht an van der Meire, und bezeichnet nur richtig den Ausgang des 15. Jahrhunderts als die Entstehungszeit des Bildes.

Herr Canneel führte uns durch die Stadt (wo wir bei dem Kupferstecher Herrn Onghena werthvolle Kunstgegenstände, auch ein liebliches Madonnenbild, fast in der Weise des Liesborner Meisters, sahen) nach der Kirche St. Sauveur, deren Chor er mit Mauergemälden in Wachsfarben geschmückt hat. Das Hauptbild ist Christus, von Engeln umgeben, in der Haltung, als sagte er: „Kommt Alle zu mir, die ihr mühselig und beladen seid!“ Auch sind die Seligpreisungen der Bergpredigt nebenan geschrieben. Zwischen den Fenstern stehen die Apostel; zu beiden Seiten des Altars folgen sich an der einen: Joseph, die Kirchenväter, Bischöfe, Krieger, Ordensstifter; auf der andern Johannes der Täufer, Kleophas, Lucas, Marcus, Barsabas, Martyrer und Martyrerinnen, Könige und Königinnen, Nonnen, eine ganze heilige Christengemeinde. Canneel gehört mit Guffens und Swerts der neuen deutsch-belgischen Schule an, doch scheint er sich mehr zu Cornelius hingezogen zu fühlen, während diese näher an Overbeck sich halten. Canneel hat eine freie, feste Zeichnung, Sinn für Schönheit und Größe der Charaktere und neigt dahin, seine Gestalten nicht sowohl durch Farbe, als durch Licht vom Grunde abzuheben, womit er der Bestimmung der Wandmalerei, die Schwere der Mauermassen aufzuheben, d. h. weniger fühlbar zu machen, mehr entsprechen wird.

Da sich die Sonne bereits neigte, so fuhren wir nach den Ruinen von St. Bavon, die ohne ihre Strahlen die volle malerische Wirkung nicht wohl erreichen. Wie oft habe ich in den von Rosen umwucherten Trümmern der römischen Kaiserpaläste, oder zwischen den Mauern alter Thermen, die von Myrtengebüschen bekränzt und mit Blumen aller Farben überdeckt sind, Göthe's „Wanderer" mir in's Gedächtniß gerufen, der sich am ewigen Recht der Natur neben dem vergänglichen Menschenwerk erfreut! Auch die ganz in Epheu gekleideten Mauerreste der St. Marien-Abtei zu York mußten mir einst solche Gedanken in der Seele erwecken; und wieder kamen sie mir, wenn schon in anderer Gestalt, doch auch verkörpert entgegen, als ich in die Ruinen von St. Bavon eintrat. Ein Geolog, der zugleich Sinn hat für landschaftliche Schönheit, kann leicht in Zwiespalt gerathen mit sich, wenn zwischen seine Bewunderung der Gebirgsgruppen und ihrer zaubervollen Beleuchtung die Fragen nach Streichen und Fallen der Schichten, nach primären, secundären, tertiären Formationen, oder nach dem Schliff oder Bruch der Felswände sich drängen. In einer ähnlichen Lage befand ich mich, als ich in die zerstörten Hallen der alten Abtei getreten, welche Zeit und Menschenhände in den reizvollsten Wundergarten verwandelt. Die malerische Gruppierung der graubraunen, mit saftigem Grün und bunten Blumen stellenweis überdeckten, zerbrochenen Mauern, Pfeiler, Bogen; der Reliefs, um welche Schlingpflanzen sich legen, mit Gartenbeeten, in denen zwischen laub- und fruchtreichen Obstbäumen die prachtvollsten Rosen blühten und eine Fülle duftender Blumen um ihre Stämme sich ausbreiteten, nahm so ganz meine Sinne und Phantasie in Anspruch, daß ich mich lange nicht dazu entschließen konnte, an die Bedeutung und Vertheilung der Räume, an die verschiedenen Bauzeiten der Abtei zu denken, oder um die Geschichte ihres Verfalls mich zu kümmern — genug, daß sie so köstlich zerfallen war! — Und doch riß der scheinbare Herr oder Insasse dieses Paradieses mich trotz alles Widersträubens aus meinen malerischen Entzückungen in kühle archäologische oder kunstgeschichtliche Betrachtungen. Der Mann war aber weder ein Archäolog, noch ein Kunsthistoriker, ja nicht einmal ein Gärtner von Profession; vielmehr — wenn ich mich recht erinnere — ein Schuhmacher, der einst in den wüsten Ruinen ein Obdach gesucht und gefunden. Napoleon hatte die Abtei, um Festungswerke an der Stelle zu errichten, niederreißen lassen, war aber durch die Ereignisse von 1813 an der Ausführung seiner Pläne verhindert worden. Da hatte der Mann die verlassene Stelle eingenommen, allmählich sich da eingerichtet, mit natürlichem Schönheitsinn die reizende Unordnung benutzt, nach und nach am Gartenausputz seiner neuen Heimath Interesse gefunden; gärtnerische Kenntnisse waren ihm mit den Blumen erwachsen und der Besuch von Fremden, darunter sich denn auch Männer vom Kunstfach befanden, hatte architekturgeschichtliche Notizen zurückgelassen, so daß jetzt die Ruinen einen Doppelgelehrten bergen, der vielleicht 6—8 Species von Sambucus niger zieht und der mit der Sicherheit eines Archäologen die Bausteine und Mauerreste nach den Jahrhunderten ordnet, aus denen sie stammen. Wir waren zwar hie und da ein Paar Jahrhunderte aus einander — aber das trifft sich zuweilen bei Männern meines Fachs.

Uebrigens ist die Geschichte der Abtei wohl der Beachtung werth. Von hier aus ist Belgien zum Christenthum bekehrt worden; hier stand die Wiege von Gent; hier richtete St. Amand das erste Kreuz auf an der Stelle des Kriegsgottes der Belgier; hier sehen wir noch vor unsern Füßen die Gräber der ersten

Apostel dieses Landes nebst andern Ueberresten aus dem 7. Jahrhundert. Die Kirche, ein Bau aus dem 11. und 12. Jahrhundert, hat der Errichtung der Citadelle unter Carl V weichen müssen. Noch aber sind die Trümmer der Krypta der heil. Jungfrau, und die einer zweiten Krypta wohl erhalten, sowie von der Capelle des heil. Machaire, mit den darin befindlichen Sculpturen. Im obern Stockwerk derselben hat man sogar ein kleines Museum angelegt von römischen, fränkischen und spätmittelalterlichen Antiquitäten, die im Bereich der Ruinen aufgefunden worden; auch ist der Blick von oben über die Gesammtanlage höchst erfreulich und belehrend. Architektonisch merkwürdig ist ein zweischiffiger Saal, der an das gleichfalls zweischiffige Refectorium in Maulbronn erinnert; an Bildnereien sind einige Darstellungen kirchlicher Functionen des Styls und der Zeichnung wegen interessant, die an das Ende des 12. Jahrhunderts erinnern, aus welcher Zeit auch die Haupttheile des Gebäudes stammen. — Noch sind diese Ruinen den Reisenden wenig bekannt. Wer sie aber besucht, wird gewiß mit mir den Rath geben: „Versäume sie Keiner!“

Gent hat noch eine andere halbkirchliche Merkwürdigkeit, die Beguinage, und dahin wandten wir uns noch, in der Hoffnung, sie noch vor Beendigung des Abendgottesdienstes zu erreichen, was uns auch gelang.

— In wie mannichfachen und sonderbaren Formen offenbart sich doch der Associationstrieb der Menschen! Suchen nicht die frommen Brüder von Camaldoli Eine gemeinsame, von Einer Klostermauer umschlossene Stelle, um darin ein Jeder sein abgesondertes Häuschen, Gärtchen und Leben zu haben und stumm zu bleiben ihr Lebelang, Einer neben dem Andern, Jeder gegen Jeden! Die Beguinage ist kein Camaldolenser-Kloster; aber sie erinnert daran. Mitten in der Stadt eine kleine durch eigene Ummauerung abgeschlossene Stadt mit ihrem besondern Thor, mit einer Anzahl größerer und kleinerer Häuser, mehren Straßen und einer eignen Kirche. Jedes Haus hat sein eignes Gärtchen und ist sowohl von der Straße als von den Nebenhäusern durch eine hohe Mauer geschieden. Jedes Haus hat eine Benennung nach einer heiligen Geschichte (Haus der Kreuzigung, der Grablegung, der Auferstehung, des Abschiedes Jesu von seiner Mutter ꝛc.) oder nach einer heiligen Vorstellung (zum Herzen Jesu, zu den sieben Schmerzen ꝛc.) oder auch nach einem oder einer Heiligen (Haus der Maria Magdalena ꝛc.). Diese Häuser werden von unverheiratheten Frauenspersonen und nur von solchen bewohnt. Sie tragen eine schwarze Nonnentracht mit einem weißen Kopftuch; kein Gelübde bindet sie; aber es gilt für ehrenrührig, aus der Gemeinschaft auszuscheiden und ist — wie man mir sagte

— noch nicht vorgekommen. Sie haben viel kirchliche Andachtübungen, sind aber nichts weniger als unthätig, auch nicht menschenscheu. Viel beschäftigt mit Weißnähen, Spitzenklöppeln u. dergl. sind sie im Verkehr mit der Stadt, und unter sich leben sie auch nicht einsiedlerisch, da in den meisten Häusern 2, 3 auch mehre Beguinen beisammen wohnen. Der Stifter des gegen einen fast allgemeinen Sittenverfall gegründeten und in Belgien sogleich von Anfang an vielfach verbreiteten Ordens war ein Priester Lambert le Begue in Lüttich, 1180. Die Wohnungen der Genter Beguinage haben das Gepräge des 14.—15. Jahrhunderts und sind wohl erhalten. Das Straßenpflaster scheint aus derselben Zeit und unverändert geblieben, vielleicht um Alle, die da wandeln auf Erden, daran zu erinnern, daß der Weg zum Himmelreich ein sehr beschwerlicher sei und nur unter Mühsal und Leiden betreten werden könne. Die Zahl der jetzigen Bewohnerinnen ward uns auf ungefähr 600 angegeben.

Wir traten in die offene Kirche, die ganz von den Beguinen eingenommen war. Alle hatten große weiße, steifgestärkte Tücher über die Köpfe gezogen. Nach wenigen Minuten ging ihr Abendgesang zu Ende, und seinem Schluß folgte eine überraschende Scene, die wie ein Sinnbild der Auferstehung von den Todten sich ausnahm. Die Beguinen, bis dahin auf den Knieen gelegen, erhoben sich einzeln, in Masse, nach und nach, doch so, daß die ganze eben noch regungslose Menge in Aufstand war; zugleich zog eine Jede das große weiße Tuch vom Kopf und legte es mit einer Art ritualer Handbewegung in die eingedrückten Falten, und sodann fast in der Weise der Albanerinnen flach über den Kopf, machte ihre Verbeugung und Bekreuzung gegen den Altar und verließ die Kirche. Diese plötzliche und fast tactmäßige Enthüllung gab der Scene ihren so ganz eigenthümlichen, man möchte sagen, beinahe komischen Charakter.

Es gibt gewiß — wenigstens für uns incarnierte deutsche Gemüthsmenschen — in einer fremden Stadt, nach beendigten Kunstwanderungen und Betrachtungen von Land und Leuten keinen schönern Tagesabschluß als die Einkehr in einem heitern und freundlichen Familienkreis. Das ist aber der unsers trefflichen Geleitsmannes, und in ihn führte er uns ein. Was wurde nun nicht alles durchgesprochen von neuer und von alter Kunst, von München und von Rom, und vornehmlich von Gent, das einst der Mittelpunkt einer fast unübersehbaren Kunstthätigkeit gewesen. Weisen doch die Reste der städtischen Register allein im 15. Jahrhundert über 200 Künstler nach, die in Gent ansässig waren und volle Beschäftigung hatten! Was hat alles der Bildersturm im 16. Jahrhundert an Werken der Kunst vernichtet! wie ist selbst die Erinnerung an ihre Schöpfer durch Wegführung der Archive verwischt oder ausgelöscht worden! Aber Dank der neuerwachten Liebe zur alten Kunst und dem unermüdlichen Eifer der Kunstforscher feiert doch ein und das andere Werk seine Auferstehung, treten doch längst verschollene Namen an's Licht der Gegenwart und in ihre Ehrenrechte ein.

Den langen und unfruchtbaren Streit über den Vorrang in der Erfindung der Oelmalerei glaubt man hier zu Gunsten Gents entschieden, so zwar, daß — wie man aus alten Aufträgen und Quittungen erweist — lange vor Hubert und Jan van Eyk in Gent in Oel gemalt worden ist. Schon 1328—29 kommen Bestellungen bei Malern in Oelfarben vor, und sie wiederholen sich in steigender Anzahl das ganze Jahrhundert hindurch, so daß den Brüdern van Eyk nichts übrig bleibt, als die geschickte Anwendung der Erfindung. Und doch — wie kommt es, daß erst durch diese die Oelmalerei bekannt und in Aufnahme gekommen ist? Wo ist denn ein Oelgemälde, älter als die Erfindung van Eyks? Kommt es denn nicht gerade auf die Anwendung, auf die Behandlung, ja auf die besondere Bereitung des Bindemittels an, wenn der Werth der Erfindung betont werden soll? Oel unter die Farbe gemischt ist noch lange nicht die van Eyk'sche Oelmalerei mit ihrer Fähigkeit der unübertrefflichen

Vollendung der Ausführung. Die Dampfkraft war auch lange vor der Erfindung der Dampfmaschine und der Eisenbahnen bekannt.

Werthvoller erscheinen mir andere Entdeckungen, von denen Mr. Canneel mir erzählte, die die — leider! unterbrochene — Pflege der monumentalen Malerei in Belgien im 15. ja bis ins 13. Jahrhundert nachweisen. Ein Herr Frans van Melle hat vor Kurzem in der Capelle des großen Schlachthauses, auf der überweißten Wand hinter einem Altargemälde aus dem 18. Jahrhundert ein großes Wandbild entdeckt, das bei genauer Reinigung und Untersuchung sich als ein Oelgemälde vom Jahre 1448 herausgestellt hat. Die Capelle ist im selben Jahre eingeweiht, die Kaplanei gegründet, und mit einem Geistlichen Philipp van Melle besetzt worden. Das Bild aber ist laut der Unterschrift eine Stiftung des Aeltesten der Fleischer- und Fischerzunft, Jacob de Ketelboetere. Die Composition, von welcher Canneel eine flüchtige Zeichnung zeigte, ist sehr interessant. Das Bild nimmt den spitzbogigen Raum einer Wand ein. In der untern Mitte liegt, ganz ohne alle Bekleidung, das Jesuskind auf einem Strahlenbündel, um dasselbe knieen im Kreis die heilige Jungfrau, zwei Engel und zwischen diesen eine vom Rücken gesehene, in einen weiten Mantel gehüllte männliche Figur; ihr gegenüber eine Frau in der Genter Bürgertracht aus der Mitte des 15. Jahrhunderts und zu ihrer Linken ein ziemlich betagter, bartloser Mann, der in der Rechten eine Kerze hält, mit der Linken auf einen Stock sich stützt. Ueber dieser Gruppe erscheint die Halbfigur des ewigen Vaters in Wolken; über ihm die Taube des heil. Geistes, die ihre Strahlen nach der heil. Jungfrau niedersenkt. Auf einem Berge im Hintergrunde sieht man einen Hirten bei seiner Heerde. Im Vorgrund knieen zu beiden Seiten der Mittelgruppe, links Herzog Philipp der Gute, rechts seine dritte Gemahlin, Elisabeth von Portugal; hinter Philipp sein Sohn Carl; hinter der Herzogin ihr erster Page, Adolph v. Cleve, Herr v. Ravenstein. Fliegende Engel zu beiden Seiten halten die Wappen, links von Flandern und Burgund, rechts das vereinigte von Portugal und Burgund; erstres ist wiederholt, unter dem andern befindet sich das des Herrn v. Ravenstein.

Leider läßt sich aus der Zeichnung nichts erkennen, als die Anordnung im Allgemeinen, und die ungefähre Form der Trachten und Waffen. Es scheint lebendig in der Darstellung zu sein; von den Formen läßt sich gar nichts sagen. Daß die beiden Männer mit der Frau die Stifter des Bildes sind, unterliegt keinem Zweifel, so wie daß der Herzog und die Herzogin als die Protectoren der Metzgerzunft ihre Stelle im Bilde einnehmen.

Natürlich will man nun auch den Meister wissen. Von den vielen hundert Malern aus der Zeit der burgundischen Herzöge hat die Geschichte nur einige wenige Namen auf ihren Tafeln verzeichnet und wir haben es uns lange gefallen lassen, die aufgefundenen Werke unter sie vertheilen zu sehen. Was ist nicht alles auf den Namen Memling oder Van Eyk geschrie ben worden!

Im Jahr 1448 lebte nun in Gent in großem Ansehn als Künstler Nabor (Nebucadnezar) Martins, geb. 1404, Schüler seines Vaters Jan Martins, eines vielbeschäftigten Meisters. In Folge unermüdlicher Nachforschungen und strenger Untersuchungen ist der Archivist Edmund de Busscher, der sich besonders der Geschichte der Genter Malerschule gewidmet hat*), zu der Ueberzeugung gekommen, daß dieser Nabor Martins das Bild in der Capelle des Schlachthauses gemalt hat. Es hat sich nehmlich in der Kirche St. Martin zu Eckerghem ein Document vom Jahre 1453 gefunden, dessen Inhalt freilich nur aus dem Gedächtniß Herrn de Busscher mitgetheilt worden, in welchem dem Nabor Martins ein Gemälde für diese Kirche verdingt ist, „in der Weise des Werks, das er in der Capelle des Schlachthauses gemalt hat.“ Da außerdem

*) Les peintres Gantois etc. par Edm. de Busscher.

dieser Maler viel mit kirchlichen Bildern, namentlich mit Mauergemälden, beauftragt worden, wie sich aus den Kirchen- und Stadt-Archiven ergibt, so müssen wir schon im Buche der Geschichte eine Stelle aufthun für seinen Namen. Bemerkenswerth ist, daß das Gemälde im Schlachthaus in Oel auf die Mauer gemalt ist.

Canneel machte mich im Laufe unsrer Gespräche noch auf ein zweites Werk monumentaler Malerei aufmerksam, das zu sehen für mich von großem Interesse sein würde. Es befindet sich im ehemaligen Refectorium des Hôtel des vieillards (Hospice de la Biloque) und ist das älteste Denkmal der Mauermalerei in Gent, und — seit der Zerstörung der Fresken im Schloß zu Nieuport 1822 — wahrscheinlich in Belgien überhaupt. In früher Morgenstunde des andern Tags ging ich nach dem bezeichneten Ort und ward von dem geistlichen Vorstand des Hospitals aufs freundlichste aufgenommen und zur gewünschten Stelle emporgeführt; denn dieser ehemalige Speisesaal ist ganz gegen Gewohnheit ins obere Stockwerk verlegt. Ich war aufs höchste überrascht. In colossalen Figuren ist hier (nicht eine Krönung, sondern) eine Segnung der h. Jungfrau gemalt. Christus sitzt mit seiner Mutter auf Einem Throne und während sie betend die Hände zu ihm erhebt, ertheilt er ihr mit der Rechten den Segen. In der Linken hält er eine Fahne mit dem Kreuz. Drei schwebende Engel hinter ihnen halten einen Teppich. — Dem gegenüber, an der andern schmalen Wand, sind der Täufer Johannes und St. Christoph in gleichem Maßstab abgebildet. Beide Gemälde, von denen das letztere sehr beschädigt ist, sind in großen, einfachen, dunkelbraunen, immer nur mit Einer Farbe ohne Abstufung oder Schattierung ausgefüllten Umrissen verzeichnet; die Physiognomien sind sehr ausdruckvoll, die Formen der Körpertheile von einem dem Naturstudium sehr fern stehenden Idealismus, die des Gefältes lang gezogen, weich geschwungen. Dem Gesammteindruck der Gemälde nach würde ich 1300 bis 1320 als ihre Entstehungszeit annehmen.

Zwei Beziehungen geben diesen Gemälden eine besondere Wichtigkeit. Ich meine nicht das, daß in ihnen die überlieferten byzantinischen Formen überwunden sind; nicht, daß sie einen wichtigen Beleg für die Pflege der monumentalen Malerei in Belgien in sehr früher Zeit bilden: ich meine ihr Verhältniß zur cölnischen Malerschule und zu der flandrischen der van Eyk. Der Styl wie die Auffassungsweise der Mauergemälde in der Biloque stimmt so sehr mit den Werken der altcölnischen Malerschule, z. B. der Gemälde an den Schranken des Domchors, daß die engste Verbindung zwischen beiden angenommen werden muß. Haben die alten flandrischen Maler sich nach den cölnischen gebildet? sind die Genter Gemälde vielleicht von einem cölnischen Meister gefertigt? oder waren die flandrischen Maler die Meister der cölnischen? — Noch gibt es auf diese Fragen keine genügende Antwort. Wohl aber sehen wir im Jahrhundert vor van Eyk den idealen Styl der Malerei in Flandern in einer Weise ausgeübt, die das hellste Licht auf die großartigen Conceptionen Hubert's van Eyk wirft, auf das Feierliche in der Anordnung und Darstellung seiner Gemälde. Wenn man aber gar, wie es noch jetzt fast allgemein geschieht, diese mächtige Erscheinung in der Geschichte der Kunst aus der Miniaturmalerei der Meß- und Gebetbücher herleiten will, so muß man an den Mann denken, der in Donaueschingen die Donau verstopfen wollte. Das colossale Mauerbild in der Biloque öffnet uns den Blick in eine Kunstthätigkeit, aus der unter der Gunst der äußern Verhältnisse die reichste und schönste Blüthezeit hervorgehen konnte und mußte: hier sind die Anfänge zu suchen der Schule, die bald ihren mächtigen Einfluß über ganz Deutschland, Frankreich und Italien, und selbst nach Spanien und Portugal erstreckte.

V.

Brügge. Einige Erinnerungen an Memling.

Es gibt zwei verschiedene Reisesysteme. Nach dem einen hat man zuerst zu bedenken, daß man so bald nicht wieder in die Gegend, in die Stadt kommen wird, und sucht in Folge davon alles Sehenswerthe zu sehen, den Reise-Kreis möglichst weit zu ziehen; nach dem andern hat man zuerst zu bedenken, wie viel Zeit und Kräfte man hat und ob es vernünftiger ist, wenig aber ruhig; oder viel aber flüchtig zu sehen? und man wird sich beschränken. Freilich — durch Belgien reisen und nicht nach Brügge zu gehen, die herrlichsten Werke Memling's ungesehen zu lassen, nimmt sich sehr unverantlich aus. Und doch — das zweite Reisesystem behielt die Oberhand. Ich bedachte, daß ich schon öfters in Brügge gewesen; ich dachte an das Hauptziel, das ich mir für diese Reise gesteckt, und wie ich noch nicht wüßte, wie leicht oder wie schwer es zu erreichen sein möchte, und — verzichtete, wenn auch mit schwerem Herzen — auf Brügge.

Dagegen hindert mich nichts, meinen Erinnerungen mich hinzugeben, die ich mit Hülfe meiner alten Reisetagebücher leicht auffrischen konnte. Doch will ich mich beschränken; nichts sagen von dem entzückenden Eindruck, den diese Stadt mit ihrer mittelalterlichen Physiognomie und ihren schönen Bewohnerinnen von ächt altflandrischem Charakter stets auf mich gemacht; nichts von den vielen Kunstwerken in Galerien und Kirchen; selbst nichts von Michel-Angelo's herrlicher Marmor-Gruppe, der Madonna mit dem zwischen ihren Füßen stehenden Kinde: sondern nur von Memling sprechen, und von den ihm mit Recht oder mit Unrecht zugeschriebenen Bildern.

Als ich im Jahre 1824 zum ersten Male in Brügge war, führte mich nur der Zufall ins St. Johannes-Kloster, dessen Pforte gerade offen stand. Eine freundliche Ursulinerin machte mich, der ich Garten und Krankensaal mit Reise-Neugier betrachtete, aufmerksam auf Bilder, die hier zu sehen wären, und führte mich vor den St. Johannes-Altar, zu dem Reliquienkasten der heil. Ursula und zu andern, im Kloster zerstreuten Tafeln. Mir war's, als hätte ich die Dinge entdeckt, so wenig war damals von ihnen die Rede! Das ist nun später anders geworden: die Welt kennt die Schätze und die guten Nonnen machen auch etwas mehr Umstände, als damals, wo ich nach Belieben bleiben und zeichnen durfte. Außer dem weltbekannten und hundertfach besprochenen Altar von 1479*) und dem Reliquienkasten (aus etwas spätrer Zeit) bewahrt das Kloster noch einige kleine Arbeiten Memling's, namentlich ein Triptychon mit einer Geburt Christi, Anbetung der Könige und Darstellung im Tempel. Was beim ersten Blick auffällt, ist die große Verwandtschaft dieses Bildes mit den „Sieben Freuden" in München. Wollte man das erste Bild (die Geburt) nur beschreiben — es wäre kaum zu unterscheiden von derselben Darstellung im Münchner Bilde! So kniet die Jungfrau vor dem eben gebornen Kind, das nackt auf dem Ende ihres Mantels liegt; so breitet sie mit ängstlicher Freude die herabgesenkten Arme aus; so knieen zwei Engel neben ihr und dem Kind und bewundern es mit himmlischer Lust; ebenso hält der sehr invalide Joseph das Lichtstümpfchen und hütet es — als wär es das Sinnbild seiner Manneskraft — vor plötzlichem Verlöschen. Auf dem Mittelbilde ist der Donator, „Bruder Jan Floriens" und — vielleicht — Memling selbst abgebildet. Das Gemälde des linken Flügels mit der Darstellung im Tempel ist ein wahres Juwel, der Kopf der Hanna von unübertrefflicher Vollendung.

*) In dem VIII. Bande der „Denkmale deutscher Kunst" habe ich die Abbildung und Beschreibung gegeben.

Trotz dem vorherrschenden (lasierten Ocker-)Roth herrscht doch in allen drei Bildern eine große Ruhe; eine tiefe, klare Färbung, bei einer reinen, ganz von Licht durchdrungenen Luft; nur die Fleischtöne sind etwas trocken. Innigkeit, volle Gemüthlichkeit trotz aller Feierlichkeit bilden den Grundton der Darstellung, die sich überdies durch die feinste Charakterzeichnung hervorthut. Joseph freilich ist mit üblicher Ironie durchweg als der schwächliche Alte hingestellt; aber Maria's Charakter zeigt in jedem Bilde eine neue Seite. Zuerst herzinnige Freude ohne jeden Nebengedanken; dann, den Königen gegenüber, ein Bewußtsein ihrer Würde, ihres Glücks, endlich liebevolle Sorge. So entfaltet sie sich, wie eine Rose: noch Jungfrau im ersten Bilde, die eben aufgebrochene Knospe; nun plötzlich Königin in Blüthe-Pracht; und mit dem Kind im Tempel, nicht mehr so frühlingsfrisch, dafür aber die zärtliche Mutter. Erinnert das Werkchen (es ist nur 1 F. 6 Z. hoch und 1 F. 10 Z. breit) in der Composition zugleich an das große Triptychon Roger's in der Pinakothek zu München, so daß es nicht ohne dessen Einfluß entstanden zu sein scheint, so unterscheidet es sich doch auch wesentlich davon, namentlich in der Behandlung, da es nicht so glatt ausgeführt ist und in den Schattenpartien sogar Schraffierungen zeigt. — Das Document über die Entstehung des Werkes ist in die goldene Einfassung geschrieben und lautet:

„Dit Werck dede maken Broeder Jan Floriens alias van der Riist, Broeder Profeß van den Hospitale van Sint Jans in Brugghe. Anno MCCCCLXXIX Opus Joannis Memling.“ Es ist also zugleich mit dem St. Johannes-Altar ausgeführt worden, nicht aber, wie Descamps seiner Zeit erzählt hat, als Geschenk oder aus Dankbarkeit des armen, verwundeten Malers an das Kloster, in welchem er Aufnahme und Pflege gefunden, sondern auf Bestellung des Klosterbruders Jan Floriens, dessen verschlungener Namenszug auch auf der Außenseite viermal mit zwei Wappen angebracht ist.

Auf dieser Außenseite ist der Sündenfall, die Vertreibung aus dem Paradiese; dann, umgeben von, mit Rundbogen gemischter gothischer Architektur, Johannes der Täufer mit der Taufe Christi in der Ferne, und die heil. Veronica mit dem Schweißtuch, beide in sitzender Stellung und in landschaftlicher Umgebung abgebildet. — So reizend ist das ganze Werk, so schön, ausdrucksvoll, vollkommen in Zeichnung, Modellierung und Durchführung vornehmlich die Darstellung im Tempel, wo die drei Köpfe von Maria, Hanna und Simeon wie ein Kleeblatt über dem heiligen Kind beisammen stehen, daß man sich wohl fragen möchte, was Memling Vorzüglicheres geschaffen haben kann? Hat doch der spanische Kunstschriftsteller Viardot in seinem Buche „Les Musées de Belgique“ seinem Entzücken darüber in der überraschendsten Weise Ausdruck gegeben, indem er schreibt: „Einer meiner Freunde, der mir den Eindruck schildern wollte, den dies Werk auf ihn gemacht, sagte mir, daß er davor eine jener schrecklichen Versuchungen zum Diebstahl gehabt habe, denen man bei sehr schönen Dingen ausgesetzt ist. Ich weiß nicht, welche Schlange ihm ins Ohr geflüstert: „Du bist allein mit diesem armen, schwachen Aufseher! gib ihm einen tüchtigen Faustschlag; mit der andern Hand nimm den Kasten, lauf nach der Eisenbahn, reise ab! und du bist im Besitz eines der größten Wunder der Kunst!“ Ob wohl ein solcher Kunstenthusiasmus seines Gleichen hat unter uns?

In dem Bilder- und Sitzungssaal des Hospitals begegnen wir noch mehrmals dem Namen Memling. Da ist ein weibliches Bildniß, in der Tracht vom Ende des 15. Jahrhunderts, bezeichnet als die persische Sibylle Zambetha und mit der Jahrzahl 1480, das — wenn die Jahrzahl ächt ist — nichts weniger, als einen Fortschritt gegen das vorige Bild bezeichnen würde. Ich halte es nicht für Memling's Arbeit; noch weniger aber die Kreuz- oder Dornenkron-Abnahme, mit den eckigen Bewegungen und der etwas gesuchten Darstellweise; obschon nicht zu verkennen ist, daß es der Weise Memling's sehr nahe steht. Es hat auch die — vielleicht unächte — Jahrzahl 1480 und die Buchstaben A. R., welche den Stifter, Adrian Reims, Superior des Hospitals um jene Zeit, bezeichnen. — Dagegen sehen wir hier noch ein unzweifelhaftes Diptychon von der Hand Memling's: unzweifelhaft, wenn auch sein Namen nicht darauf steht. Es ist das Hausaltärchen von Martin de Newenhoven, mit dessen unübertrefflich schönem Bildniß in betender Stellung vor seinem aufgeschlagenen Gebetbuch. Er kniet in seiner Stube; durchs offne Fenster sieht man in die Landschaft; ein Glasgemälde daran stellt St. Martin vor, wie er den Mantel theilt. Der andere Flügel trägt den Gegenstand seiner Verehrung, die heilige Jungfrau, die dem unbekleidet vor ihr auf einem Kissen sitzenden Kinde einen Apfel reicht; ihr Haupt schmückt ein Perlendiadem, unter einem rothen Mantel hat sie ein blaues, pelzbesetztes Kleid. Auch aus ihrem Zimmer sieht man durchs offne Fenster ins Freie. Das Ganze hat die unangefochtene Unterschrift: Hoc opus fieri fecit Martinus de Newenhoven anno dñi 1487 anno vero ätatis suae 23

In der Sammlung der Akademie ist ein großes Triptychon, mit der Taufe Christi als Mittelbild, das früher allgemein, auch nach Passavant's Urtheil, für ein Werk Memling's gehalten wurde. Seit Waagen sich dagegen erklärt und Crown und Cavalcasella ihm beigestimmt, scheint diese Benamung aufgegeben. Um dieses Bildes willen könnte mich's reuen, nicht nach

Brügge gegangen zu sein, da meine Erinnerung daran so lebhaft nicht ist, daß ich ein bestimmtes Urtheil abgeben könnte. Nur das weiß ich, daß das Werk den Tadel nicht verdient, den Crown und Cavalcasella aussprechen, „daß es kein Colorit (in der Hauptgruppe) habe, daß es schwach sei in der Composition, incorrect in der Zeichnung und wider den Geschmack und die Proportionen sündige; etwas besser seien die Figuren im Hintergrund; doch aber trivial, zu kurz und ohne Eleganz. Der Hintergrund sei mit einer solchen Lebendigkeit des Tons und der Farbe gemalt, daß die Kälte der Figuren des Vordergrundes und die Fehler der Composition und Zeichnung zuerst nicht in die Augen fielen." Was mir an dem Bilde zuerst entgegengetreten, ist der tiefe, religiöse Ernst der Auffassung, die ganz feierliche Weise der Darstellung. Christus steht entblößt, nur um die Lenden mit einem Tuch bedeckt, die Hände gesenkt und geschlossen, mit dem ganzen Körper und Antlitz gegen uns gekehrt, bis an die Knie im Wasser, das sich in klaren, durchscheinenden Wellen um ihn kräuselt. Johannes, in ein härenes Gewand gekleidet und in einen Mantel gehüllt, den er mit der Linken an sich zieht, mit dem Ausdruck tiefen Ergriffenseins im Gesicht, kniet am Rand des Ufers und träufelt aus der Rechten Wasser auf Christi Haupt, während ein Engel im Meßgewand, am andern Ufer knieend, die Kleider Christi hält. In der Luft schwebt die Taube des heiligen Geistes, und über ihr erscheint im geöffneten Himmel, von Engeln umgeben, der ewige Vater. Im Mittelgrunde links sitzt Johannes an einem Felsen und spricht zu einer großen Zahl Menschen alles Alters und Geschlechts; gegenüber unter Bäumen wandelt Christus. In der Ferne sieht man eine große Stadt und eine Burg auf dem Berge über ihr, die man wunderlicher oder wunderbarer Weise für Jerusalem genommen, obschon der geographische Jordan in weiter Entfernung von ihr seine Wellen treibt. Mit weitgehendem Naturalismus, wie er Memling nicht eigen ist, sind alle Körpertheile nach dem Modell gezeichnet; ebenso wenig entsprechen die Charaktere von Christus und Johannes den Typen, die wir von ihnen in authentischen Gemälden Memling's finden. Alles Landschaftliche, die grauen mit braungrünem Gras überwachsenen Felsen, die fein und mannichfaltig profilierten dunkeln Bäume, die blaugrünen Berge, der mit unendlichem Fleiß ausgeführte Vordergrund mit seinen Gräsern und Blumen und dem klaren Gewässer erinnern wohl, aber doch nur schwach, an die Hand und den Farbensinn Memling's. — Die Flügelbilder enthalten die Stifter des Werks, einerseits den Mann nebst seinem Sohn und ihrem Patron, Johannes Ev.; andrerseits die Frau mit vier Töchtern und ihrer Patronin, einer gekrönten Heiligen im Ordensgewand (Theresa? Clara?).

Von besonderer Schönheit sind die Außenseiten. Das — ganz gegen die Uebung der flandrischen Maler — bekleidete Kind sitzt auf der Mutter Schooß und reicht einer vor ihr knieenden Frau, die wohl auch zur Familie des Stifters gehört, eine Traube, und hinter welcher ihr liebliches Töchterlein kniet und als Schutzpatronin St. Magdalena steht. Die große Anmuth der Gemälde, vornehmlich in den Gesichtern der Außenseite, läßt fast auf eine andere Hand als bei den Innenseiten schließen. — Hoffentlich wird sich auch über dieses Bild noch das Licht der Geschichte verbreiten, das in den letzten Jahren so manches Dunkel erhellt hat. Bis dahin ist es sicherer, keinen Candidaten dafür aufzustellen. Genug, daß es in die letzten Jahrzehnte des 15. Jahrhunderts fällt und den Einfluß Memling's nicht verleugnet.

Dasselbe gilt auch von einem andern Bilde, das mit noch geringerm Rechte dem Memling zugeschrieben war, dem heil. Christophorus mit den Bildnissen der Stifterfamilie, dreimal mit der Jahrzahl 1484 gezeichnet. Es war ehedem im Hospital St. Julien zu Brüssel.

VI.

Douai. Das Altarwerk in Notre Dame von Bellegambe. Andere Arbeiten desselben.

Und nun verfolgen wir unsere Reise. Deren Hauptziel lag jenseit der jetzigen belgischen Grenze, auf kaiserlich französischem Boden, in der ehedem flandrischen Stadt Douai. Dort war ein Altarwerk zum Vorschein gekommen, das man bald für Van Eyk, bald für Memling gehalten, bis vor Kurzem der Archivist Wauters in Brüssel so glücklich war, den Urheber des Werks und die Zeit seiner Entstehung ausfindig zu machen. Was ich darüber gehört und gelesen, hatte mich auf's stärkste gereizt, mit eignen Augen von seinem Werthe mich zu überzeugen. Kaum in Douai angekommen, ging ich nach der Kirche Notre Dame, in deren Sacristei es aufgestellt ist. Wie hoch auch meine Erwartung gespannt war — sie wurde bei weitem übertroffen durch den Anblick des herrlichen Werkes. Es ist ein Polyptychon von 10 Tafeln. Ist es geschlossen, so sieht man auf der einen Christus auf dem Thron, auf der zweiten Maria, in Anbetung vor ihm knieend; auf der Tafel rechts von ihm den Stifter des Bildes mit seinem Patron, Carl dem Großen, und zwei Begleitern, links von der Madonna eine Anzahl Benedictiner mit ihrem Schutzpatron. — Sind die Flügel zurückgeschlagen, so zeigt sich in der Mitte die Dreifaltigkeit, rechts und links Maria und Johannes der Täufer, auf der äußersten Rechten die Schaar der Apostel, auf der Linken weibliche Heilige mit einem heil. Ordensstifter. Zwischendurch sind alle Räume mit lieblichen Engelkindern bevölkert, reiche Architekturen nehmen den Hintergrund ein und erstrecken sich selbst bis in den Vorgrund; Ernst des Ausdrucks und Schönheit der Formen streiten um den Vorrang und eine tiefe, klare, gesättigte Farbe verbreitet über das Ganze die wohlthuendste Harmonie. Gelang es mir, hier zu studieren und zu zeichnen, so war der Zweck meiner Herreise erreicht. Dies und noch mehr war mir beschieden.

Ich hatte ein Empfehlungsschreiben von Wauters an den Abbé Dehaisnes abzugeben und fand an ihm nicht allein einen zuvorkommend gefälligen, sondern auch im Fach der Kunstgeschichte wohlunterrichteten Mann. Sein Buch „L'art chrétien en Flandre, Douai 1860“ beweist, daß er die einschlägige Literatur, auch die deutsche, ziemlich genau kennt. Er wirkte mir beim Doyen von Notre Dame sogleich die Erlaubniß aus, ungehindert, selbst in den Mittagsstunden in der

Sacristei zu studieren und zu zeichnen, er führte uns in die Bibliothek und das Museum, deren Vorstand er ist, in Privathäuser, wo bedeutende Kunstwerke sich finden, ja in alle Kunstwinkel der Stadt, so daß ich ihm vorzüglich es verdanke, wenn ich in kurzer Zeit und auf die leichteste Weise die wesentlichsten Kunstschätze in Douai gesehen habe.

Bevor ich indeß meine Leser einlade, mir zu ihnen zu folgen, muß ich sie darauf aufmerksam machen, daß wir im heutigen Frankreich sind. Wäre es wahr, daß sich der nationale Geist vornehmlich in den untern Volksclassen dauerhaft zeige, so würde sich vor allem der belgische Sinn für häusliche Ordnung und Reinlichkeit in den bürgerlichen Wohnungen erhalten haben. Den aber erwarte man nicht in Douai; am wenigsten im ersten Gasthof der Stadt, im Hôtel de Flandre; noch weniger denke man daran, sich in einem Café eine Erquickung zu holen, wie jede kleine Stadt Belgiens sie bietet: das Café aux mille colonnes präsentiert im unsaubersten Local, in schmutzigen Gefäßen eine ungenießbare Brühe. Das hat Louis XIV zu verantworten, der die schöne Stadt Douai seinem Franzosenreich einverleibt hat! Dagegen habe ich in obern Regionen, bei gelehrten und gebildeten Männern das Bewußtsein flandrischer Herkunft noch sehr lebendig und den geistigen Zusammenhang mit dem ehemaligen Vaterlande klar und frisch im Bewußtsein gefunden. Dies erklärt auch das große Interesse, welches das Altarwerk in Notre Dame und sein Meister erregt hat, so daß man mit einem an Begeisterung streifenden Eifer die Spuren seiner Thätigkeit verfolgt.

Der Eifrigsten Einer ist der Abbé, und gern theile ich zunächst mit, was er uns von der Geschichte des Bildes erzählte. „Es stammt aus der Abtei von Anchin in der Nähe von Douai, sagte er. Die Abtei selbst hat eine fast legendenartige Geschichte. Nahe beim Dorfe Pecquencourt liegt im Moor eine Insel, die von Alters den Namen Anchin, nehmlich Aquicinctum, d. h. von Wasser umgeben, geführt. Gegen Ende des 11. Jahrhunderts gerieth in dieser Gegend ein Edelmann aus Artois in Nacht und Nebel und war genöthigt, die Gastfreundschaft eines andern, der hier sein Schloß hatte, anzusprechen. Er war unwissend in das Haus seines Todfeindes, Gaultier de Montigny gekommen, war aber aufgenommen worden. In der Nacht träumen Beide denselben Traum: daß sie nach der Insel Anchin gegangen, sich dort versöhnt und sich vor Gott Freundschaft geschworen hätten. Sie machen den Traum zur Wahrheit, gehen nach Anchin, gründen ein Kloster daselbst, nehmen das Mönchsgewand und erleben, daß sieben andere Edelleute ihrem

Beispiel folgen; zwei Benedictiner vom Kloster Hasnon übernehmen die Leitung und „St. Sauveur von Anchin“ ist in's Leben getreten! Eine Feuersbrunst legte das Kloster in Asche, das nun herrlicher daraus entstand und am 15. Oct. 1086 eingeweiht wurde. Es erhielt vier Thürme und davon den Namen der Abtei zu den vier Thürmen. Die Abtei nahm zu an Reichthum und Ruhm. Hier lebte der berühmte Gegner Abälard's, der Professor Azzon als Abt, und noch bewahrt die Bibliothek von Douai viele kostbare Handschriften mit Miniaturen, welche er einst der Abtei geschenkt. Von 1181 bis 1208 wurde in Anchin eine neue große Kirche im Uebergangsstyl gebaut, die in der französischen Revolution zerstört worden. Reich war die Kirche an Bildnereien in Holz, Stein und edeln Metallen, an Malereien und werthvollen Arbeiten der Goldschmiedekunst und Ciselierung; es war zur Ehrensache der Aebte geworden, mit Hülfe der Kunst den Glanz des Klosters zu vermehren. Im Jahre 1511 folgte in der Abtwürde Dom Charles Coguin de Saint-Aragon seinem Oheim, Guillaume d'Ostrel, dem er bereits seit einigen Jahren als Coadjutor beigestanden. Er war ein sehr lebenslustiger und prachtliebender Herr, der Musik hoch hielt und alle schönen Künste, und der das Kloster von Anchin zum glanzvollsten in Europa machen wollte. Kaum läßt sich alles aufzählen, was er in Anchin gebaut, was er an Kostbarkeiten dem Kirchenschatz geschenkt, was er an Glasfenstern, in Fresco und in Oel hat malen lassen. Von all diesen Herrlichkeiten hat sich nichts erhalten, als das Hauptaltarwerk, das wir nun hier in der Sacristei von Notre Dame besitzen und dessen ursprüngliche Bestimmung war, ein Altarwerk von vergoldetem Silber, kostbaren Steinen und Bildnereien zu umschließen."

„Ueber den Meister des Werkes war man lange im Ungewissen, fuhr Abbé Dehaisnes fort: Sie kennen ihn jetzt. Man nannte Memling, und der berühmte Kunstschriftsteller Viardot ging so weit zu sagen: „es ist von Memling, weil — es nur von Memling sein kann!" Dem widerspricht nun Alles, was man im Bilde sieht und von seiner Entstehung weiß. Der Stifter, Charles Coguin, ist darauf abgebildet als Abt oder als Coadjutor, mithin aus der Zeit nach 1507. Das stand fest von Anfang an. Gegen Viardot und Memling konnte ich mich mit aller Bestimmtheit erklären; mit geringerer Sicherheit habe ich zwei andere Künstler als die möglichen Urheber genannt: Jan Gossaert und Gerard Horenbault. Ich habe mich geirrt; die Entdeckungen des Herrn Wauters in Brüssel *)

*) Jean Bellegambe de Douai, le peintre du tableau polyptique d'Anchin par M. Alphonse Wauters. Bruxelles 1862.

haben den Meister des Werks an's Licht gebracht, den Maler Jean Bellegambe von Douai. Ich habe, sagte der Abbé weiter, seitdem mich eifrig um die Geschichte dieses altflandrischen Meisters bemüht und mancherlei Notizen über seine Lebensverhältnisse gefunden. Er war der Sohn des George Bellegambe, eines angesehenen Kaufmanns und Fabrikanten in Douai, und ist um 1470 geboren. Viele Maler lebten damals in Douai, unter denen Jean Gossuin zu den nächsten Nachbarn des väterlichen Hauses gehörte. Jean Bellegambe (mit seinem ursprünglichen Namen wohl Hans Schönbein, fiel ich ein) heirathete 1504 eine geborne Lemaire, und hatte von ihr 2 Söhne und 3 Töchter, ein eignes Haus und war wohlhabend. 1510 hatte er für die Kirche in Douai mehre Malereien ausgeführt. In der Bibliothek zu Arras ist sein Bildniß aus dieser Zeit, mit beglaubigender Unterschrift."

Wie aber kommt das Altarwerk von Auchin in die Sacristei von Notre Dame von Douai? Ja, Bilder haben ihre Schicksale! Bei Aufhebung der Klöster während der französischen Revolution wurde es in's ehemalige, in ein Museum verwandelte Jesuiten-Collegium gebracht. Die mittlern Tafeln wurden (nach dem Concordat) an die Dorfgemeinde von Cuinchy gegeben, die sie sehr bald vernachlässigte, und sie einem Maler Marlier als Bezahlung für einige kleine Reparaturen in ihrer Kirche überließ. Dieser excellente Künstler verwendete die Tafeln zur Thüre für eine Werkstatt, die er sich in einer Kammer unterm Dach eingerichtet hatte. Nach seinem Tode 1834 verkaufte seine Wittwe die mißachteten Tafeln an den Dr. Escallier in Douai für 40 Frcs. — Die übrigen Tafeln, die man schon 1. Dec. 1818 „als Ausschuß" für 4 bis 7 Frcs. weggegeben, waren in den Besitz eines Kunstliebhabers, Mr. Estabel in Douai gekommen, von welchem sie Dr. Escallier, als er ihren Zusammenhang mit seinen Tafeln erkannt hatte, um die Summe von zweitausend und einigen hundert Franken erwarb. Dr. Escallier war ein großer Kunstfreund und hatte eine bedeutende Kunsthandlung, die, zufolge seines Testaments, nach seinem Tode (15. Febr. 1857) an das Museum von Douai kam, mit Ausnahme des Altarwerks von Anchin, das er der Kirche Notre Dame in Douai vermacht hatte, mit dem Wunsche, daß eine eigne Capelle dafür erbaut würde. Vorläufig ist es in der Sacristei aufgestellt und hat hier jedenfalls einen passenderen und vor allem Rauch und Ruß geschützteren Platz, als über einem Altar in der Kirche.

„Wo Tauben sind", sagt das Sprüchwort, „fliegen Tauben zu!" Das Altarwerk von Anchin konnte schwerlich vereinzelt stehen, es zeigte einen Meister, der viel gearbeitet haben mußte, und von dem gewiß noch andere Zeugnisse seiner Thätigkeit vorhanden waren, wenn auch manche im Bildersturm zu Grunde gegangen. Zunächst lud uns unser trefflicher und wohlwollender Führer ein, ihm nach dem Museum zu folgen. Hier sind nun sehr viel merkwürdige und schöne Sachen aufgestellt, unter denen sogleich eine Wiederholung der (früher erwähnten) Kreuzabnahme von Roger, und zwar im alten Styl mir in die Augen fiel. Inzwischen wurde meine Aufmerksamkeit doch sogleich von einer andern Seite in Anspruch genommen, von zwei großen Flügelbildern eines Triptychons, in welchen ich alsbald die Hand des Meisters Bellegambe erkannte. Das Mittelbild, wahrscheinlich eine Verklärung Mariä, oder eine Darstellung der unbefleckten Empfängniß ist verloren gegangen. Auch über die Herkunft der Tafeln ist nichts bekannt; doch wird sie sich leicht ermitteln lassen. Die Außenseiten, grau in grau gemalt (nur die Carnation ist farbig) stellen rechts die priesterliche Ablehnung des Opfers Joachims, links die heil. Anna als Wohlthäterin der Armen dar. Auf der einen Innenseite sind die vier großen Kirchenväter, auch Chrysostomus und andere griechische Bischöfe abgebildet; auf der andern der Donator (nach Dehaisnes: Baudoin de Deuyeul) mit seiner Familie, neben ihnen ein Engel mit einer beschriebenen Tafel, hinter ihnen ein Dominicaner und ein Franciscaner (letzterer mit dem Modell des Rathhauses von Douai in der Hand); sodann in einer offnen Halle des Mittelgrundes berühmte Theologen von Paris, Bonaventura, Petrus Lombardus, Duns Scotus u. A. Alle historische Personen, durch Beischriften kenntlich gemacht, sind Vertheidiger der Lehre von der unbefleckten Empfängniß. Die Bilder sind im großen Styl componiert und gezeichnet, meisterhaft ausgeführt und vorzüglich in den Bildnissen und den Köpfen überhaupt von großer Lebenswahrheit. Charakteristisch ist die Vorliebe des Meisters für Architektur, die er im Uebermaß angebracht hat und zwar in einem Gemisch von Gothik und Renaissance. Es ist sehr wahrscheinlich, daß dieses das Altarwerk ist, das Bellegambe für die Kirche der heil. Anna in Douai im Jahre 1510 gemalt hat.

Douai besitzt noch ein drittes Werk seines berühmten Künstlers, und Abbé Dehaisnes hatte die Güte, uns dahin zu führen. Es ist ein Triptychon von etwa $3^3/_4$ F. Höhe und $4^3/_4$ F. Breite und gehört dem Dr. med. Herrn Jesse. Das Mittelbild ist eine freie Wiederholung der Dreieinigkeit aus Anchin (Christus mehr leidend, Gott Vater mitleidig), was auf eine spätere Entstehung deutet. Das Bild stammt aus der benachbarten Abtei von Marchiennes, welcher Dom Jacques Coëne von 1501 bis 1542 als Abt vorstand. Er ist mit seinem Schutzpatron und einem sein Wappen haltenden Engel auf dem rechten Flügel abgebildet; auf dem linken kniet eine Frau, wohl eine Verwandte von ihm unter dem Schutz der heil. Katharina und eines zweiten Engels.

Und so wäre denn der deutschen Kunstgeschichte nicht nur der Name eines der vorzüglichsten Maler vom Anfang des 16. Jahrhunderts gewonnen, sondern auch zunächst durch drei sehr bedeutende Werke belegt, an denen ganz besonders hervorzuheben ist, daß ihr Meister ungeachtet des Einflusses der Renaissance, dem er sich nicht ganz hat entziehen können, doch noch das Wesen der alten Schule festgehalten, den Styl und die Darstellweise der Italiener seiner Zeit noch nicht angenommen hat.

— —

VII.

Nach Paris. Erinnerungen an Douai. Sprachenwechsel. Reichthum an Kunstwerken. Ankunft in Paris.

Am 25. Junius Morgens 7 1/4 Uhr saßen wir im Waggon des Eisenbahnzugs, der die Hauptstadt Frankreichs nach Verlauf von 6 1/2 Stunden erreichen sollte. Welch ein Gewinn an Zeit! Ehedem hätte ich drei Tage gebraucht; wäre aber freilich nicht an Arras und Amiens vorübergefahren. So gleichen sich Gewinn und Verlust im Leben aus. — Man durchfliegt eine öde, ziemlich charakterlose, ebene Gegend, in der nur selten ein Dorf auftaucht; von ähnlicher Beschaffenheit schien unsere Reisegesellschaft, so daß wir uns bequem unsern Betrachtungen und Erinnerungen überlassen konnten.

Ich hatte vor meiner Abreise noch die Bekanntschaft des Präsidenten der Gesellschaft der Kunstfreunde, Herrn Asselyn's, gemacht und hatte durch ihn und Abbé Dehaisnes noch einige Werke altflandrischer Kunst kennen gelernt, die man — wie das bei einem neuauftauchenden Namen zu gehen pflegt — auch als Arbeiten Bellegambe's (aber allerdings mit Unrecht) in Anspruch zu nehmen geneigt war. Das eine ist eine Darstellung von Mariä Empfängniß. Nicht nur der Theologie, auch der Kunst hat von jeher die Erklärung der Wunder große Schwierigkeiten bereitet; denn ein Wunder anschaulich zu machen, heißt: zeigen, wie sich's zugetragen, also es begreiflich machen. Ist nicht im Dom zu Montpellier eine Dreieinigkeit zu sehen, eine Gestalt, deren Kopf drei Nasen, drei Münde und vier Augen hat? Sieht man nicht häufig das Christkind zur Jungfrau auf Strahlen niederfahren, die von der heiligen Taube ausgehen? Der Maler des eben genannten Bildes geht einen Schritt weiter. Maria hat das Kind bereits empfangen vom heil Geist, der über ihr schwebt; aber das Göttliche offenbart sich sogleich nach der Empfängniß, ihr Leib, ja selbst das Gewand darüber ist von Licht durchdrungen und so durchsichtig, daß wir darin das noch ungeborne Kindlein sitzen sehen. — Und bei solcher Abgeschmacktheit ist das Gemälde doch eines der lieblichsten Madonnenbilder der flandrischen Schule vom Anfang des 16. Jahrhunderts!

Das andre Werk, ungefähr aus derselben Zeit, ist ein Triptychon, das aus der Kirche St. Jean-Ronville zu Arras stammt, von dem aber die mittlere Tafel verloren gegangen, so daß nur die Bildnisse der Stifter mit ihren Patronen übrig geblieben: links ein Mann, der das deutsche Reichswappen (Doppeladler) über dem Arm trägt, mit seinem Sohn und dem heil. Dionysius; wahrscheinlich der Wappenherold Carls V., Nicaise Ladam, über dessen Grabmal das Bild gewesen; auf dem andern Flügel seine Gattin mit SS. Johannes und Clara. An der Außenseite steht — der Tod und in einem langen Gedicht die Lebensgeschichte des Herrn Nicaise Ladam in französischer Sprache; das Bild aber ist vollkommen im Styl der altflandrischen Schule gezeichnet und gemalt.

Zwei Bemerkungen drängten sich mir dabei auf und ich kam im Reisewagen darauf zurück. Sehr lange gehen die deutsche d. i. flämische und französische Sprache neben einander her, bis erstere ganz oder fast ganz verschwindet. Van Eyk schreibt noch unter seine Bilder „Als ich kann", aber van der Weyden nennt sich schon de la Pasture, und Schönbein Bellegambe. Alle städtischen Register werden in flämischer Sprache geführt, die Contracte bis in's 16. Jahrhundert hinein in flämischer Sprache abgefaßt; wo es aber gilt eine Inschrift und gar in Versen zu machen, tritt — wenn man das Latein nicht vorzieht — gewöhnlich die französische Sprache ein. In dem Munde des Volks aber hat sich, wenigstens in den Frankreich nicht einverleibten Landstrichen, das Flämische erhalten, und ist bereits auch in den Kreisen der Gebildeten wieder Haus- und Familiensprache geworden. Bücher und Journale werden in dieser Sprache geschrieben und unsere Freunde in Antwerpen haben die Beischriften zu ihren Wandgemälden in St. Nicolas weder in französischer, noch lateinischer, sondern in flämischer Sprache abgefaßt.

Die andere Bemerkung, an die mich das Votiv-Bild des Ladam erinnerte, trifft die belgische Kunst im 15. und 16. Jahrhundert. Wir staunen Italien und seinen unerschöpflichen Reichthum an Kunstwerken an. Wie erst müßten wir uns verwundern über die Kunstthätigkeit unter den burgundischen Herzögen, wenn nicht die Bilderstürmer im 16. Jahrhundert darauf ausgegangen wären, alle Spuren derselben auszulöschen! Und doch: wie viel ist übrig geblieben! wie vieles kommt noch täglich zum Vorschein! In Antwerpen, in Brüssel, in Douai und wo in der Welt altflandrische Kunst in Museen angetroffen wird, gibt es eine Anzahl werthvoller „Inconnues" aus dem 15. Jahrhundert, und die Namenregister der Künstler, die für die Herzöge von Burgund, oder in ihren Städten gearbeitet, ist nahebei Legion! Vortrefflich ist die Zusammenstellung, welche Abbé Dehaisnes in seinem o. a. Buche von der christlichen Kunst in Flandern gemacht, und wenn auch darin manche Berichtigung eintreten muß, so habe ich doch daraus viel schätzenswerthe

Belehrung geschöpft; und es hat uns die Stunden der Reise nach Paris auf die angenehmste Weise verkürzt.

Hier wurden nun sogleich ganz andere Töne angeschlagen: die Vergangenheit mit ihren burgundischen Herzögen und Malern war mit Einem Male untergesunken; eine Gegenwart mit einem Gewühl von Interessen des Augenblicks hatte uns aufgenommen. Ausgestiegen aus dem Waggon, wurde die Reiseschaar nach einem Wartesaal dirigiert, von welchem aus man — begreiflicher Weise nach einer rechtschaffenen Wartezeit — in die Halle eintrat, in welcher das Reisegepäck untersucht und übergeben wurde. Die Visitation geschah mit der größten Artigkeit; der Koffer meiner Frau wurde nur auf- und sogleich wieder zugemacht; der meinige gar nicht geöffnet. Es war an der Grenze nicht anders geschehen. Die Koffer wurden nach der Halle der Omnibus gefahren; ein Beamter frug höflichst nach dem Hôtel, in welches wir zu fahren wünschten, und führte uns an einen dafür bestimmten Wagen. Was mir nun, als wir darin saßen, zunächst ein- und auffiel, war, daß kein Mensch nach dem Reisepaß gefragt; auch an der Grenze war er nicht abgefordert worden; und so will ich denn hier sogleich hinzufügen, daß auf der ganzen Reise durch Deutschland, Belgien und Frankreich keine Seele sich um das Papier bekümmert hat, das dem Reisenden sonst so viel Sorgen, Kosten und Aerger bereitete. Aber freilich! die französische Gesandtschaft in München hatte doch noch die Visa für nöthig erachtet und 5 Frcs. dafür eingezogen!

Bald aber nahmen die Gedanken eine andere Richtung. Die neue Zeit machte sich noch auf ganz andere Weise, als durch die polizeiliche Nachsicht und die Gefälligkeit der Bahnbeamten bemerklich: rechts und links sah man in neuangelegte Straßen, in denen sich Prachthäuser erhoben neben den Trümmern alter Wohnungen, aus denen noch hie und da tapezierte Zimmerreste, oder die Spuren der Schornsteine vorsahen, stellenweise mit riesenhaften Annoncen überklebt. Nun fuhren wir über den Boulevart de Montmartre an der Börse vorüber nach dem Hôtel de Rouen, rue Notre Dame des Victoires.

VIII.

Paris. Der Louvre; Ueberblicke. Handzeichnungen. Musée Napoleon III.

Als ich Paris zuletzt gesehen, vor dreizehn Jahren, war der Platz vor dem Louvre ein unebner Morasthaufen, der Louvre selbst eine Ruine, mit Häuserruinen gegenüber, genau wie ich ihn schon zwanzig, dreißig, vierzig Jahre früher gesehen. So hatte ihn der erste Napoleon den Bourbonen, so diese dem Bürgerkönig, so dieser der Republik hinterlassen. Die Erinnerung an diesen Zustand ist ausgelöscht, seine Spuren sind nicht mehr aufzufinden! In majestätischer Pracht steht der Palast vollendet da und mit Mühe findet der architektonische Scharfblick die Grenze zwischen dem Alten und dem Neuen. Ein Blumengarten mit Ruhesitzen an der einen, ein offner, zum Theil mit Bäumen bepflanzter Platz an der andern Seite sind an die Stelle der Moraststrecke und der Häusertrümmer getreten; frei blickt der Louvre in das gothische Antlitz der Kirche St. Germain l'Auxerrois und in das stylverwandte der Mairie dieses Arrondissements. Un=

aufhörlich summte es in meiner Seele: „Sonst und jetzt!“

Ich hatte sogleich die Nothwendigkeit erkannt, einen festen Plan zu machen für die kurze Zeit, die ich mir für Paris gönnen konnte. Die Kunstschätze des Louvre mußten den ersten und größten Raum darin einnehmen; ihnen reihte sich an, was an öffentlichen Kunstwerken in Paris zu sehen ist; die Stadt und ihre Bewohner sollten ihre Rechte dazwischen geltend machen. Auf Theater und ähnliche Vergnügungen ward im Voraus Verzicht geleistet.

Nachdem wir also am ersten Nachmittag die Boulevarts hinab nach der Ste. Madelaine und dem Place de la Concorde gegangen, wo der Obelisk von Luxor die Stelle der Guillotine von 1793 einnimmt; dann durch die Champs élysées nach dem Triumphbogen de l'Étoile an welchem die Schlacht von Leipzig unter Napoleon's Siegen aufgeführt ist; nachdem wir dann durch den Garten der Tuilerien an den Quai des rechten Seineufers gelangt, den Palast der Tuilerien und des Louvre umgehend über place des Victoires wieder in unser Hôtel gelangt, um das Tagewerk in üblicher Weise zu krönen — glaubte ich mich berechtigt, den nächsten Tag dem Louvre und seinen Kunstschätzen widmen zu dürfen.

Welch eine Welt! Mir kam es vor, als hätten seine

Schätze sich um das Doppelte und Dreifache vermehrt. Ich wollte erst einen Ueberblick gewinnen, sah mich aber bald festgehalten, bald fortgerissen, bald mußte ich fürchten in der Fülle der Gegenstände zu versinken. Es ist eine Reise durch die Wunder der Weltgeschichte, die man hier in wenigen Stunden zurücklegt. Von den Sarkophagen und Riesenbildern der Pharaonen, von den geflügelten oder zu Stieren gewordenen Giganten aus Khorsabad und den Festaufzügen des Sardanapal aus Ninive, deren Menschen sich kaum, deren Pferde sich frei und schön bewegen, und den Mumiensärgen phönizischer Könige mit deren colossalen Marmorköpfen von idealer Schönheit, tritt man durch die Bildwerke von Cypern, Rhodus und den benachbarten Inseln, an denen Aegypten, Assyrien und Griechenland zugleich ihren Einfluß erprobt zu haben scheinen, in die Räume der hellenischen Kunst und ihrer Pflegetochter, der römischen. Bald aber schwindet alles culturhistorische Interesse vor der Macht der Schönheit: wir stehen vor der Venus von Milo! Wie vor der unleugbaren Wahrheit jeder Zweifel schwindet, so verstummt vor der vollkommenen Schönheit jeder Zwiespalt zwischen Ideal und Wirklichkeit. In gegenseitiger Durchdringung von beiden feiert die Kunst ihre höchsten Triumphe, und — wo, wie hier, auch der leiseste Hauch sinnlicher Anreizung fern gehalten ist — ihre reinsten.

Aber ein anderes Culturvolk ladet uns zu sich ein. Zahllose große und kleine Figuren und Aschenkisten von Alabaster und Terracotta geben uns Kunde von den religiösen Vorstellungen der Etrusker, kunstreiche Arbeiten aus Bronce, Silber, Gold von ihren Gewohnheiten, Waffen und Trachten und von ihrem Geschmack in Verzierung des Lebens und des Todes. Die meisten dieser Gegenstände kommen aus der Sammlung des Marchese Campana in Rom und sind zugleich ein betrübendes Denkmal der Verirrung eines Kunstenthusiasten. Ich erinnere mich mit Wehmuth des Tags, wo ich im Café greco in Rom gegen einen Befreundeten, aufstehend, äußerte, daß ich zum Marchese Campana gehen wolle, einen Empfehlungsbrief abzugeben, und ironisch von ihm zur Eile aufgefordert wurde, „weil der Marchese so eben zur Engelsburg abgeführt würde.“ Campana hatte öffentliche Gelder zu verwalten und kein Unrecht darin gesehen, sie in Kunstsachen und Kostbarkeiten anzulegen, die nach seiner Meinung den Ankaufspreis weit überstiegen. Er muß schwer büßen für seine ungezügelte Sammellust; die Früchte aber derselben hat Frankreich unter Napoleon III. geerntet und in den Louvre eingefahren. — Wie aber hat die Menschheit sich geändert vor dem Angesicht des Todes! Wer nach Jahrtausenden unsre Gräber aufwühlt, um Museen zu füllen, findet keine goldnen Kronen und Halsketten, keine Spangen und Ohrgehänge, kaum ein goldnes Eheringlein oder den Degen eines Soldaten. Wir sind dahin gekommen und werden immer mehr dahin kommen, daß wir nur dem Leben dienen wollen und daß wir nichts von dem, was ihm dienen kann — sei's zu wirklichem Vortheil, sei's zur Seelen- und Sinnenlust — todt liegen lassen, weder in Särgen, noch in Schränken. Möge nur ein guter Genius Sorge tragen, daß die materiellen Interessen die ideellen nicht alle verschlingen!

Eine endlose Reihe von Säälen — so schien sie mir — ist angefüllt mit kunstreichen Arbeiten des Mittelalters und der Renaissance, kirchlichen und weltlichen Gegenständen, Holzschnitz-, Marmor-, Alabaster- und Elfenbeinwerken, Broncegüssen, Stahl-, Gold- und Silberarbeiten, Terracotten, Fayence-Geschirren, bunten Tellern u. s. w. Sie sind alle ihrem ursprünglichen Zweck hier entfremdet, herausgerissene Buchstaben aus dem Buch der Geschichte, die wir uns nun damit mühevoll aber nicht ohne Lust und Behagen wieder vor Augen stellen. Bald freuen wir uns über den Schönheitsinn, der sich in den Formen und Verzierungen von Geräthschaften offenbart; bald lächeln wir über eine religiöse Denkweise, der es Bedürfniß war, heilig gehaltene Knochen in goldene Gefäße zu fassen und Reliquienkästen mit Perlen, Edelsteinen und kostbaren

Metallen zu schmücken; bald lachen wir über eine Kunst, die die Geräthschaften des täglichen Lebens, Teller und Schüsseln, Kannen und Krüge, indem sie sie schmücken will, unbrauchbar macht, sich aber damit beruhigt, Schemata des guten Geschmacks geschaffen zu haben.

Concentrierter aber wird uns die Geschichte Frankreichs in anderen Räumen vorgeführt, in Memorabilien aus dem Leben seiner Herrscher von Childerich bis auf Louis Philipp. Wie drängen sich Bilder und Gedanken mitten im Menschengedränge! Carl der Große! Wem gehört er denn? Ist er denn nicht der Unsre? „Umgekehrt!" sagt der Schrank im Louvre und viele Franzosen mit ihm: „Ihr gehört zu uns! wie Ihr einst unserm Charlemagne unterthan waret!" So leicht wachsen politische Ideen auf geschichtlichem Boden, wenn er dafür bearbeitet wird. — Von Louis Philipp sah ich nur einige Kleidungsstücke, hörte aber mehrmals die Worte: „Un brave homme!" Bei Ludwig XVI. erwartete ich die Jakobinermütze, oder eine Erinnerung an seine Gefangenschaft und seinen Tod. Nichts von alledem; es sind nur friedliche und freundliche Erinnerungen in seinem Schrank.

Jedem Herrscher Frankreichs ist ein Schrank gewidmet; nur Einem ein Saal voll Schränke: Napoleon I.! Vor etwa drei Jahrzehnten war sein Andenken sehr verblaßt in Frankreich, und die ersten

Unternehmungen seines Neffen haben es wohl erfahren. Es war eine der kühlsten Ceremonien, als Louis Philipp die Asche des großen Kaisers nach Paris bringen ließ. Durfte doch in jener Zeit ein Zwerg in der Maske Napoleon's die Lachlust des Publicums reizen! Wie ist das jetzt so anders geworden! Wie dicht gedrängt und festgebannt und achtungsvoll steht die Menge vor den Schränken mit den Erinnerungen an den „kleinen Corporal," mit der Uniform des „ersten Consuls", mit dem Krönungsmantel des „Kaisers", mit den Zeichen seiner Siegeslaufbahn, vor dem Schrank mit dem aufgekrempten, alten, durchschwitzten und verschossenen Hut von St. Helena! Da ist kein Zweifel: Napoleon ist bereits zur mythischen Heroengestalt geworden; er ist aus der Vergessenheit wie aus dem Grabe auferstanden und ist lebendig im Bewußtsein seines Volkes!

Bücher — nicht nur ein Buch — müßte man schreiben, wenn man nur ein einigermaßen anschauliches Bild der Schätze geben wollte, die im Louvre versammelt sind. Ich habe bisher meine Leser im Fluge durch eine Anzahl Sääle geführt, ohne ihnen ein andres Bild davon zu entwerfen, als das Auge während der Eisenbahnfahrt von der Landschaft gewinnt. Eintretend in die Sääle der Handzeichnungen und Gemälde hemme ich meinen Schritt ein wenig, oder — um wahrer zu reden — ich schließe die bei wiederholten Besuchen gemachten Bemerkungen an den Bericht vom ersten an.

Bei den Handzeichnungen, deren Aufstellung theils in Pulten, theils in Glas und Rahmen an den Wänden als musterhaft zu empfehlen ist, waren es vornehmlich zwei Interessen, die mich leiteten: Zeichnungen zu sehen von Meistern, von denen ausgeführte Werke selten sind; dann Zeichnungen zu sehen, die ganze oder theilweise Studien zu bekannten Gemälden sind. In erster Beziehung bietet die Sammlung mehre sehr merkwürdige Blätter von der Hand Leonardo's da Vinci, Köpfe mit Rothstift gezeichnet, auch mit weißer Farbe auf bläulichem Papier, mit feinstem Formgefühl, aber auch mit feinsten Strichelchen ausgeführt; dabei auch einen Frauenkopf, dessen Umrisse so durchstochen sind, daß er als Carton zu einem Gemälde gedient haben muß. Von Raphael sieht man ein Studium zum „Heliodor", einen Engelskopf zweimal mit leichter Veränderung der Bewegung; ferner Studien zur „Schule von Athen", den Carton zur „heil. Katharina" in der National-Galerie in London u. a. m. Sehr bedeutend sind drei große colorierte Cartons von Giulio Romano, die Flucht der Bewohner einer brennenden Stadt, ein römischer Siegeszug, und ein Zug zum Richtplatz, mit überlebensgroßen

Gestalten von kräftiger Zeichnung und starker Bewegung. Sie sind sicherlich zur Ausführung in Teppichen bestimmt gewesen und dürften diejenigen sein, von denen Vasari erzählt, daß er sie für den Herzog von Mantua gemacht habe, der sie durch die flammändischen Meister Niccolo und Giov. Batt. Rosso in Seide und Gold ausführen lassen. — Eine in Deckfarben ausgeführte Zeichnung von Correggio stellt in bitterm Humor das Schicksal eines verliebten Alten dar, den, von Amor mit Stricken an einen Baum gebunden, ein nacktes Weib mit Schlangen kitzelt, während ihm ein anderes Stachelreden in's Ohr flüstert. Die Zeichnung gehört wohl in des Künstlers Spätzeit, wo er sich an stark contrastierende Bewegungen und sehr manierierte Formen gewöhnt hatte. — In der Dresdner Galerie ist eine Kreuztragung, nach deren Meister man lange hin und her gerathen, bis man bei Ercole Grandi stehen geblieben. Im Louvre ist die Zeichnung dazu, oder — danach. Sie ist von einer sehr freien und festen Hand gemacht; aber erst eine recht genaue Vergleichung mit dem Dresdner Bild würde die Entscheidung ermöglichen. — Noch eine andere Zeichnung weist auf die Dresdner Galerie. Dort hängt unter dem Namen des Roger van der Weyden ein Christus am Kreuz mit Maria, Johannes und Magdalena. Dazu besitzt die Sammlung des Louvre die Original=

zeichnung, auf grauem Papier mit feinen Schraffierungen ausgeführt. Noch liegt einiges Dunkel über der Geschichte dieses Meisters und seiner Kinder und Enkel, so daß wir die ihnen zugeschriebenen Werke noch nicht alle mit Sicherheit vertheilen können. Es gilt dies, wie ich schon früher erwähnt, namentlich von der Kreuzabnahme; und in dieser gerade findet sich dieselbe Magdalena mit dem hochaufgehobenen rechten Elnbogen, wie auf dem Bilde in Dresden und auf der Zeichnung im Louvre, welche hier dem jüngern Roger zugeschrieben wird. Von dem ältern ist ein weibliches Bildniß da, eine ganz vollendete, entzückende Zeichnung.

Bevor ich die große Gemälde-Sammlung des Louvre besuchte, trat ich in die kleinere ein, die den Namen „Musée Napoléon III.“ trägt, und aus der Sammlung Campana in Rom stammt. Die Gemälde gehören größtentheils der vorraphaelischen Zeit italienischer Kunst an. Alte Gemälde üben stets einen großen Zauber über mich aus und zwar mehr durch das Unbeabsichtigte, Allgemeine in ihnen, als durch das, was ihren Urhebern persönlich angehört; und so habe ich denn nicht immer und nicht sogleich die Waage in der Hand, den Werth der einzelnen Werke abzuwägen. Indeß hier stellte sich doch sehr bald der Zweifel ein, ob es gerathen war, das Mittel- und Handwerksmäßige in solcher Masse aufzustellen? Einigen Aufschluß ertheilt der von M. F. Reiset, conservateur des peintures, des dessins et des gravures, abgefaßte Katalog, aus dessen Vorwort man erfährt, daß die Commission, welche vom Ministerium ernannt worden, die Gemälde zu bezeichnen, welche aus der Sammlung Campana in das neue Museum aufzunehmen seien, von den 646 Bildern nur 97 für diesen Zweck ausgewählt hatte. Auf die gegen diese beschränkte Auswahl erhobene Einsprache wurde auf Befehl des Kaisers eine neue Prüfung beschlossen und dafür die Académie des Inscriptions et Belles-Lettres, und die Académie des beaux Arts ernannt. Erstere pflichtete der Commission bei; letztere nahm noch 206 Gemälde auf, so daß die Zahl im Ganzen auf 303 stieg; sie hat gestattet, diese 206 namhaft zu machen, so daß wir genau wissen, was die Commission gering, was hoch geschätzt? Ich meines Orts würde die Zahl 97 schwerlich überschritten, vielleicht nicht erreicht haben.

Das meiste Interesse erweckten mir die Bilder aus der umbrischen Schule, die wegen ihrer religiösen Schwärmerei und tiefen Empfindung vielfach gerühmt wird. Und doch ist grade bei ihren Malern, was sonst aus der persönlichen Empfindung kommt, der Ausdruck in Bewegung und Mienen, hier so ganz der conventionellen Gewohnheit unterworfen, daß man überall derselben Haltung des Kopfes, der gefalteten Hände und dem eingeknickten Knie begegnet; freilich auch überall dem Bestreben nach Formenschönheit. Auch Raphael verleugnet die Schule nicht; nur daß er sie rechtzeitig verlassen und den Weg der Freiheit und Selbständigkeit gefunden. Mit Bezug auf ihn ist eine Reihe Bildnisse interessant, die aus dem herzoglichen Schloß von Urbino stammen, früher für Arbeiten des Melozzo da Forli galten, nun aber als altflandrisch erkannt sind. Man bringt sie — was vielleicht zu gewagt ist — mit Justus von Gent in Verbindung, der 1474 in Urbino gemalt hat. Merkwürdig für uns ist zunächst, daß sich in einem Skizzenbuche Raphael's (das in der Akademie zu Venedig aufbewahrt wird) mehre dieser Köpfe nachgezeichnet finden; woraus wir schließen dürfen, daß sie — wie weit sie auch von Perugino's Weise abweichen, doch — auf Raphael Eindruck gemacht haben müssen. Es sind nicht sowohl Bildnisse, als Charakterköpfe, aus der Phantasie des Künstlers geschöpft. Aristoteles, Plato, Seneca, Solon 2c., sämmtlich dem 15. Jahrhundert und den Niederlanden angepaßt.

Zu den schönsten Bildern der Sammlung gehört „Christus als Gärtner" von Lorenzo Credi, eine leicht veränderte Wiederholung desselben Gemäldes in den Uffizi zu Florenz, ausgezeichnet durch ernste, wehmüthige Stimmung, welche die Scene und die schöne

Morgenlandschaft hinter ihr beherrscht. — Seiner Schule wird eine heilige Familie zugeschrieben, die offenbar von derselben Hand herrührt, die die Madonna mit dem Kind gemalt, welche in der Dresdner Galerie den Namen Leonardo's trägt. Das Bild hier war nicht unter den von der Commission ausgesuchten. — In vieler Beziehung merkwürdig ist eine heilige Familie in weiter Felsenlandschaft von Vittore Carpaccio, mit seines Namens Inschrift. Carpaccio gehört zu den strengsten Meistern der alten Schule, und doch läßt er bereits durch die Lust an Nebendingen sich verleiten, dem Hauptgegenstand kaum ein Drittel des Bildes einzuräumen, und benutzt die übrigen zwei Drittel für Felsen mit einer Burg, ein weites Flußthal mit einer Stadt, dann wieder Felsenhöhlen mit Einsiedlern u. s. w. Es war die Sirenenstimme der Natur, die die Künstler aus dem Reiche der Phantasie in die sicht-, faß- und fühlbare Wirklichkeit zog, und die bald der gesammten venetianischen Schule ihre Bahnen bezeichnete.

IX.

Paris. Das neue Paris. Die Zuaven und die Zeichen des Friedens. Die Rheingrenze.

Ich aber möchte meine Leser, wenn auch nur auf kurze Zeit, aus der gemalten Welt in die wirkliche führen, auf die Straßen, Quais, Plätze und in die Gärten von Paris, des neuen Paris — denn das alte ist nicht mehr! Zwei Pläne lagen vor mir: von 1852 der eine, der andere von 1863. Es sind zwei verschiedene Städte! Wie mit dem Messer sind die Häusermassen durchschnitten und neue Straßen und Straßenverbindungen hergestellt. Die Boulevarts, die einst Stadt und Vorstadt trennten, liegen nun fast in der Mitte der Stadt und neue Boulevarts umgeben diese im weitesten Bogen. Paläste erheben sich neben Palästen in unabsehbaren Strecken, wo ehedem beschei-dene, zum Theil ärmliche Wohnhäuser standen; gut gepflastert, macadamisiert, oder mit Asphalt belegt sind Straßen und Trottoirs; in den Rinnsteinen fließt das Wasser artesischer Brunnen zur Beförderung der Straßen-Reinlichkeit. Und wie wird gearbeitet, den alten Namen von Paris „Lutetia“ (Dreckstadt) ganz in Vergessenheit zu bringen! Wie wird gekehrt und gesprengt, um Koth und Staub zu beseitigen. Man geht in der Stadt, wie im Zimmer. — Doch nein! das ist nicht möglich! Welch Drängen und Treiben des Verkehrs! der Fiacres und Omnibus, die häufig den Uebergang über eine Straße schwer und selbst gefährlich machen. Und dennoch überall Licht und Luft, Reinlichkeit, Sicherheit! wonach schon vor Jahren das Programm des Präsidenten von Harlay, aber erfolglos, gestrebt hatte. Für Sicherheit ist besonders gesorgt durch eine überall gegenwärtige Polizei. Durch die ganze Stadt, in jedem Arrondissement, sieht man an der Straße, oder auf einem öffentlichen Platze ein kleines, rings mit Glasfenstern versehenes rundes Haus, in welchem ein Polizei-Commissair sitzt, um Klagen anzuhören und Hülfe zu leisten. Auch geht das Vertrauen ins Fabelhafte. Nahe der Ste. Geneviève ist der Laden eines Bücherantiquars. Der Mann hat seine Bücher längs der Straße an der Häusermauer in offnen Schränken ausgestellt, vor denen die Leute stehen, lesen, zum Ankauf aussuchen; Aufsicht ist nicht dabei und genügende unmöglich; die Sicherheit muß auf anderm Grunde ruhen.

Es ist keine Frage: Paris verdankt bereits dem König Louis Philipp große Verschönerungen und wohlthätige Anstalten. Er hat den Concordienplatz mit Brunnen, Statuen und dem Obelisk von Luxor, die elyseischen Felder mit ihrem Circus geschmückt, das Grab Napoleon's und die Kirche der heil. Clotilde erbaut; Hospitäler und Gefängnisse, viele Brunnen und Straßen und die Befestigung von Paris sind unter ihm erstanden. Aber Louis Napoleon hat ihn auf eine Weise überboten, vor der selbst der Glanz des großen Ludwig etwas erbleicht. Was hat er binnen 10 Jahren allein in Paris geschaffen! Den Louvre ausgebaut und das Ministerium des Aeußern; den Industriepalast, die Centralhallen, drei große Casernen und acht Kirchen erbaut (St. Jean-Baptiste de Belleville, St. Michel, Notre-Dame de Clignancourt, St. Bernard, St. Augustin, St. François-Xavier, Ste. Trinité und St. Eugène); ferner das Neue Opernhaus, die Théâtres Lyrique, du Châtelet, de la Gaîté, Folies-dramatiques und Bouffes Parisiens; den Cirque Napoléon, das Panorama des Champs Elysées, das Jeu de Paume im Tuileriengarten; ferner das Tribunal du Commerce, la Caisse des dépôts und die Chambres de notaires. Ueber die Seine hat er drei neue Brücken geschlagen (Pont de l'Alma, Solferino, St. Louis); eine vierte ist im Bau; viele Paläste und öffentliche Gebäude erfuhren Erweiterungen, die Kathedrale von Notre Dame und der Justizpalast völlige Herstellung; die Champs Elysées, den Bois de Boulogne und von Vincennes, so wie den Park von Monceaux hat er in große englische Anlagen umgewandelt, die Gärten an den Tuilerien, am Louvre, am Palais Luxembourg mit den zauberischsten Reizen der Gartenkunst ausgestattet; von Eisenbahnen rings um die Stadt, Bahnhöfen, Wohlthätigkeits-Anstalten aller Art zu schweigen! aber nicht von der größten! der Anlage der neuen Straßen und Boulevarts, wodurch die Quellen der Gesundheit, Luft und Licht, verhundertfacht sind, und der Ausdehnung der Stadt bis zur Befestigungsmauer. Paris ist durch ihn unwidersprechlich die schönste Stadt Europa's geworden.

Die Bevölkerung hat es erkannt und trägt das Ihrige dazu bei, den Ruhm von Paris zu sichern und zu mehren. Durch alle Straßen der ungeheuern Stadt (mit Ausnahme der altaristokratischen Faubourg St. Germain) sind die untern Stockwerke von Kaufläden eingenommen, die mit Geschmack und größtentheils mit dem ausgesuchtesten Luxus ausgestattet sind. Gleichviel ob Krebse und Aale, ob goldene Ketten und Uhren, ob seidne Kleiderstoffe oder Stiefel und Schuhe, ob Obst und Backwerk oder Juwelen ausgestellt sind: reich, prachtvoll und wenigstens angenehm anzuschauen sind die Läden alle; sie erreichen aber die Höhe ihres Glanzes erst am Abend im Schein der Gaslampen, die mit verschwenderischer Lust reihenweis, eine an der andern darin angebracht sind, als ob große Feste mit Illumination gefeiert werden sollten.

Türken im Abendland sind immer eine auffallende Erscheinung. Ich war erstaunt, deren mehre in Paris zu sehen, bis die Anzahl so groß wurde, daß ich merkte, mit wem ich's zu thun hatte. Die Zuaven sind eine Truppe von wahrhaft kriegerischem Aussehn, leicht und fest in ihren Bewegungen, nicht groß von Gestalt, aber von nerviger Muskelbildung. Auch das andere Militair macht einen ähnlichen Eindruck; auch ihre Kleidung ist auf leichte Bewegung berechnet. Was aber im entschiedensten Gegensatz gegen das unsrige mir auffiel, war der Geschwindschritt, in welchem die Franzosen unter aufreizender Musik marschieren. Daneben ist unser Geschwindschritt noch der alte Parademarsch!

Und doch — wie kriegerisch das aussieht und klingt — doch steht es Paris an der Stirne geschrieben, in allen Zügen des Lebens ist es zu lesen: „L'Empire c'est la paix." Wie spielen die Kinder so fröhlich im Garten des Palais royal, der Tuilerien, der Champs Elysées! wie hüpfen die kleinen Mädchen so sorglos über ihre Springschnüre! was promeniert und plaudert die Welt so gemüthlich um das Musikcorps, das allabendlich in den Tuilleriengarten lockt! sitzen nicht hier, da, dort Frauen, ja Damen der höhern

Stände von ihren Kindern umgeben, unter alten Rüstern und Linden und nähen, sticken und stricken? — Ja tiefer Frieden ist ausgebreitet über Paris und die Bevölkerung scheint sich glücklich und behaglich zu fühlen und an keine Bewegung zu denken.

Ob diese Stimmung wirklich ganz allgemein ist? alle Schichten der Gesellschaft durchdringt? Gewiß ist, daß ein ängstliches Schweigen beobachtet wird. An der Wirthstafel wurde der Name des Kaisers nie genannt, ohne daß Wirth oder Wirthin das Gespräch sogleich auf einen andern Gegenstand lenkten. Mein Nachbar war ein Feuerkopf, darin allerlei kochte von Krieg nnd Eroberung. „Der Rhein gehört uns, begann er zu mir, das ist keine Frage, oder nur noch eine Frage der Zeit. Der Kaiser wird und muß ihn wieder nehmen.“ „Warum nur den Rhein, antwortete ich, was rechtfertigt eine solche Selbstbeschränkung? Das Kaiserreich war größer. Ihm gehörten Holland, die Weser- und Elbmündung; der Rheinbund war sein Vasall, Preußen und Oesterreich unterthänig; es fand, wie Sie wissen, seine Grenze erst in Moskau! Vielleicht erinnert sich Napoleon III. daran, und — geht vorläufig nicht an den Rhein!“ „Vorläufig! rief der Franzos im Feuer, aber auch nur vorläufig! Wir sehen und sprechen uns wieder am Rhein!“ „Es wird mich immer freuen, war meine Antwort, Sie wieder zu begrüßen; kommt aber Frankreich mit den Waffen in der Hand, so wird es ein anderes Deutschland finden, als der erste Napoleon gefunden, kein Parterre mehr von Königen, sondern eine Galerie Volk! Und zwischen uns liegt noch Belgien, das nicht eine Brücke bildet, sondern ein Bollwerk." Eine lebhafte Zustimmung erhielten meine Worte von einer andern Seite, und ich ward dadurch mit einem Mann bekannt, der sich als Belgier erwies, und mir mit seiner Ruhe, Intelligenz und patriotischen Gesinnung ein besonders angenehmer Tischnachbar wurde. Aber auch mit dem französischen Feuerkopf lebte ich auf dem Friedensfuß „vorläufig."

X.

Galerie des Louvre. Der Katalog. Altdeutsche Gemälde. (Memling beim Grafen Duchâtel.) Rubens. Rembrandt. Ostade.

Kehren wir zu der Gemälde-Galerie des Louvre zurück! Erst einige Worte über den Katalog! Auch hier will man auf der Höhe der Zeit stehen. Es genügt nicht mehr zu den Nummern der Bilder die überlieferten Namen und Beschreibungen zu setzen! Die Kataloge der Sammlungen sollen Hülfsmittel sein für eine möglichst vollkommene Kunstgeschichte. Die Ergebnisse der Studien und Forschungen dürfen nicht von ihnen übersehen, müssen sorgsam benutzt werden. „In Verbindung aller Kataloge der europäischen Galerien, heißt es in der Einleitung, wird es erst möglich sein, eine Geschichte der Kunst, angemessen der Höhe der heutigen Kunstkenntniß, zu schreiben.“ Mit Schrecken mußte ich dabei an die Rolle denken, die der Katalog der Münchner Pinakothek in dieser Verbindung spielen würde.

Der Katalog der Galerie des Louvre gibt den Namen des Künstlers, Zeit und Ort seiner Geburt und seines Todes, wie seine Schule; dazu eine kurze, aber möglichst erschöpfende, nach den zuverlässigsten Quellen bearbeitete Biographie; ein genaue Beschreibung des dargestellten Gegenstandes, mit vorausgesetzter Bezeichnung desselben und Angabe der Höhen- und Breitenmaße des Bildes, und mit Anführung vorkommender Inschriften, auch der vorzüglichsten Kupferstiche nach dem Gemälde. Von ganz besonderem Werthe ist es, daß der Katalog die Geschichte (wo möglich) jedes Bildes der Sammlung mittheilt, da daraus allein schon oft soviel Licht auf dasselbe fällt, daß es an rechter Stelle eingereiht werden kann in die Geschichte der Kunst. Freilich müssen dem Verfasser dazu alle Quellen offen stehen, aus denen sichere Nachrichten fließen; vor allem die Haus- und Staatsarchive, die Inventarien ꝛc. Daß hiebei auch der Veränderung der Namen gedacht, ja eine solche geradezu angenommen werden mußte, wenn die unwiderlegliche Kritik es verlangte, versteht sich von selbst. Auch hat der Verfasser des Katalogs, Mr. Frederic Villot es für seine Pflicht gehalten, auf bedeutende Restaurationen eines Gemäldes aufmerksam zu machen, um alles zu beseitigen, was die genaue Kenntniß eines Meisters und seiner Werke trüben könnte. — Mit großer Ausführlichkeit erzählt der Katalog die Geschichte der Entstehung, Vergrößerung und — Schmälerung der Gemäldesammlungen des Louvre. Mit Jubel zählt der

Verfasser die Werke auf, die als Siegesbeute die stolzen Waffen der Republik und des Kaiserreichs aus Italien, den Niederlanden, Deutschland nach Paris gebracht; aber auch mit Ingrimm über die „Ungerechtigkeit der Alliierten von 1814 und 15“, die Frankreich seine wohlerworbenen Schätze „geraubt“, haben. Es mag noch heute einem französischen Herzen wehe thun, die Raphael und Tizian, die Perugino und Paolo, die van Eyk und Van der Weyden und all die Siegestrophäen nicht mehr an der Stelle zu sehen, die sie vor 1814 eingenommen in Paris; aber die einfachste Logik muß doch zu dem Schlusse führen, daß, wenn der Sieg die Beute rechtfertigt, er viel mehr das Recht der Wiedereroberung des verlorenen Gutes gibt.

Von ältrer deutscher Kunst ist nur Weniges im Louvre, aber unbedeutend ist es nicht; von Jan van Eyk ein großes Votivgemälde des burgundischen Kanzlers Rollin, das dieser einst der Kirche von Autun gegeben. Er ist darauf abgebildet im pelzverbrämten, braunen Brokatrock, die Hände gefaltet und vor einem Betpult mit aufgeschlagenem Gebetbuch knieend, das ausdrucksvolle, faltenreiche Gesicht zur Madonna erhoben, die, einer Königin gleich, in einem weiten, mit Perlen und Edelsteinen besetzten Mantel auf dem Throne sitzt, und das Kind, das mit der einen Hand die Weltkugel hält, mit der andern den Donator segnet, unbekleidet auf dem Schooße hält. Ein kleiner in weite Gewande gehüllter fliegender Engel mit Pfauenfederflügeln hält eine Krone über ihrem Haupt. Den Grund des Gemäldes bildet ein großer Saal mit gothischen Pfeilern, an deren Capitälen biblische Geschichten in Relief abgebildet sind. Zwischen durch sieht man in einen Garten voll blühender Rosen, Lilien und andrer Blumen, darin Pfauen und Elstern sich aufhalten. Jenseit des Gartens, in welchem man auch einzelne Menschen wahrnimmt, öffnet sich die Landschaft mit weiter Fernsicht. Mit zierlichen Thürmen erhebt sich ein hochgelegnes Feudalschloß, ein Fluß durchströmt das Thal, an dessen Ufern eine Stadt sich ausbreitet; man sieht ihre Häuser und Thürme, mit Fenstern und Thüren, ihre Kathedrale, ihre Straßen und die Menschen darin; man unterscheidet was sie thun und wohin sie sich wenden; über die Stadt hinaus schweift der Blick auf wohlbebaute Gefilde, bis der ferne Horizont durch blaue Berge begrenzt wird. In der Lust an diesen Einzelnheiten des Lebens und der Natur, in der Liebe und Sorgfalt, mit der das Nebensächliche und Ueberzählige des Werks behandelt ist, spricht sich ein eigenthümlicher und durchgreifender Zug des Jan van Eyk und seiner Schule aus. Die Natur und das wirkliche Leben waren die Quellen seiner Kunst, aus denen er ohne Unterlaß und ohne Wahl alles was er bedurfte schöpfte und mehr. So nur war es möglich, daß er der heiligen Jungfrau ein so häßliches Kind auf den Schooß setzen konnte, als er hier gethan; so erklärt sich die Lust spätrer Meister, das früher als Nebensache behandelte, wirkliche Leben zur Hauptsache, ja zum alleinigen Gegenstand der Darstellung zu machen. — Das Votivbild des Kanzlers Rollin erinnert mit seinen großen Gewandmassen und der einfachen, breiten Behandlung an das ähnliche des Canonicus Georg van der Paele zu St. Donatian in Brügge, vom J. 1436 und dürfte ungefähr aus derselben Zeit sein.

Die Freude an der Landschaft ist ganz besonders auf Memling übergegangen; von ihm findet man im Louvre zwei vortreffliche und vortrefflich erhaltene Werke, deren eines eine neueste Erwerbung sein muß, da es der Katalog von 1863 nicht aufführt.

Das erste sind zwei Flügel eines kleinen Triptychons, mit Johannes dem Täufer und Magdalena, auf denen er sich ganz in der Weise ergeht, wie auf den „Sieben Freuden“ in München, auf dem Johannes-Altar in Brügge und sonst, indem er eine Anzahl Scenen aus dem Leben des oder der Heiligen wie Staffage in die Landschaft vertheilt; beim Täufer: die Taufe Christi, die Predigt in der Wüste, seine Enthauptung und die Tochter der Herodias mit seinem Haupt; bei „Magdalena“ (allerdings durch Verwechslung mit Maria von Bethanien): die Erweckung des Lazarus, die Füßesalbung bei Simon, die Begegnung mit Christus nach der Auferstehung, ihre Himmelfahrt. Streng und etwas trocken in der Zeichnung, sehr fleißig und flüssig in der Ausführung weist es auf die Zeit des Johannesaltars in Brügge hin. Zwei Tafeln von genau derselben Größe mit den HH. Stephan und Christoph, wahrscheinlich ehedem die Rückseiten, die man vermittelst der Säge davon getrennt, waren im Besitz des Königs von Holland. — Das zweite ist ein vollständiges Triptychon, das auf den ersten Blick wie eine Copie, oder ein Auszug aus den „Sieben Freuden“ erscheint, bei näherer Betrachtung aber seinen Vollwerth als Original darthut. Das Mittelbild ist die Auferstehung Christi. Der Heiland ist mit dem rechten Bein aus dem Sarkophag gestiegen, dessen Deckel ein Engel abgehoben; vier Wächter liegen umher und schlafen. Sein rother Mantel läßt die segnende Rechte und die Seitenwunde frei; in der verhüllten Linken hält er die Kreuzesfahne. Das Ganze ist durch einen auf Säulen mit gothischen Basen und Capitälen ruhenden Bogen abgeschlossen, der mit grünen Festons geschmückt ist, die von Kinderfiguren gehalten werden. — Auf dem linken Flügel mit der Himmelfahrt sieht man Maria mit den Aposteln am Boden knieend und verwundert emporschauend, von Christus aber nur noch die Füße und ein Stück Gewand, — Auf dem rechten Flügel ist das Martyrium des H. Sebastian in einer Waldgegend dargestellt; zwei Bogenschützen stehen im Hintergrund. Motive der Darstellung, Art und Vollkommenheit der Ausführung, sowie die gesättigten und doch klaren Farbertöne lassen keinen Zweifel, daß dies Triptychon in der Zeit entstanden, wo Memling die Sieben Freuden (der Münchner Pinakothek) und die Sieben Leiden (der Turiner Sammlung) gemalt hat.

Paris birgt in seinen Mauern noch ein andres und zwar ein Hauptwerk Memling's, dessen Besitzer, Graf Duchâtel, der ehemalige Minister Louis Philipp's, die große Güte hatte, mir vom Lande die schriftliche Erlaubniß zu schicken, es zu sehen und zu studieren. Es ist ein Votivgemälde von ungefähr 4 F. Höhe und 5½ F. Breite. Maria auf dem Thron hält auf ihrem Schooße das unbekleidete, segnende Christkind, und blickt in das Buch in ihrer Linken, auf das auch das Kind sein Händchen legt. Ihr zur Rechten knieen acht männliche Personen, verschiedenen Alters, zur Linken zwölf weibliche, jene unter dem Schutze des H. Jacobus, diese, darunter mehre Dominicanerinnen, mit dem H. Dominicus. Den Mittelgrund nimmt ein Kirchenchor im romanischen, in die Renaissance spielenden Styl ein, im Hintergrund aber ist auf der Männerseite ein Schloß, auf der Frauenseite eine niederländische Bauernwohnung.

Weder Wappen noch Inschrift gibt Auskunft über die Donatoren dieses Werkes, das nach der vollendeten Ausführung, breiten und freien Behandlung vornehmlich der Bildnisse, sowie der schönen Zeichnung des Kindeskörpers in die Zeit nach dem Johannes-Altar in Brügge zu gehören scheint. Im Rahmen übrigens ist dasselbe Monogramm angebracht, das auf dem Johannes-Altar ist, und von dem man ungewiß ist, ob es Memling's Namen oder den des Stifters bedeute? — Kehren wir zum Louvre zurück!

Sehr merkwürdig ist eine Kreuzabnahme (280), die ehedem den Namen Lucas von Leyden führte, nun aber — wie ich glaube, mit vollem Recht — dem Quentin Matsys zugeschrieben worden. Die Uebereinstimmung in der Art zu componieren, zu zeichnen, die Natur zu benutzen und selbst im Colorit, mit der Grablegung in Antwerpen ist so einleuchtend, daß man nicht mehr in Zweifel sein kann. Schön aber sind weder Physiognomien noch Bewegungen, und der Geschmack Magdalenens, mit hellblauen Handschuhen bei dieser Handlung zu erscheinen, verdient ein großes Fragezeichen.

Ungefähr aus derselben Zeit stammt ein andres Bild (601), das ebenfalls früher dem Lucas von Leyden zugetheilt war, nun aber zu den „Inconnus" gerechnet wird. Es enthält in drei Abtheilungen über einander: das Abendmahl, die Klage um den Leichnam

Christi, und die Stigmatisierung des H. Franz, und kommt ursprünglich aus der Kirche S. Maria della Pace zu Genua. Das mittlere ist das Hauptbild: Der heilige Leichnam wird von Johannes, der hinter ihm kniet, gehalten, rechts und links knieen Maria und Magdalena, dahinter noch eine heil. Frau; im Vorgrund links der Donator mit S. Nicolaus von Tolentino, rechts seine Frau mit der h. Clara; eine Blutschüssel, ein Schwamm, ein Todtenkopf und Knochen im Vorgrund. Im Hintergrunde Jerusalem und dunkelblaue Berge. — Das Abendmahl möchte man eine freie Uebersetzung des Abendmahles von Da Vinci nennen. Doch ist eine Person darauf, die in S. Maria delle Grazie fehlt, der wir aber an einer andern Stelle schon begegnet sind: der Mundschenk! Wer in der Dresdener Galerie Bescheid weiß, wird sich des Mannes erinnern: er steht im Hintergrund bei der großen Anbetung der Könige (1801), die ebenfalls früher in Genua, in der Kirche S. Luca, gewesen und bei der kleinen daneben (1802) und ist offenbar des Künstlers Bildniß; auch hier schaut er uns an, wie aus dem Spiegel gemalt. Die Verwandtschaft auch der drei Bilder ist unverkennbar, nur scheint das Pariser aus späterer Zeit und ist trockner in der Farbe.

Unter dem Namen „Juste d'Allemagne" sind drei Tafeln (258) aufgeführt, deren mittlere die Verkündigung enthält, während die Nebenbilder die Heiligen Benedict und Augustin, Stephan und Angelo darstellen (letztrer mit dem Messer im Kopf). Die Nebenbilder gehören nicht zum mittlern, und sind auch von einer ganz andern Hand als dieses. Der Katalog rechtfertigt seine Benennung mit keiner Angabe. Die Kunstgeschichte kennt keinen deutschen Maler Justus, als den von Gent; und dieser kann hier unmöglich gemeint sein. Jener soll 1451 eine Verkündigung al fresco im Kloster S. Maria di Castillo in Genua gemalt haben. Aus Genua kommt auch dieses Bild, wo es Denon gekauft hat. Die Verkündigung ist auffallend durch die Auffassung, indem Maria sehr erschreckt durch die himmlische Erscheinung über ihr dargestellt ist; ferner durch das Bestreben, schöne Körper- und Gesichtsformen und Dürerisches Gefälte in Verbindung zu bringen, und bei merklich deutschem Kunstsinn doch den Hintergrund mit Ornamenten italienischer Renaissance zu bedecken. — Die Flügelbilder sind entschieden italienische Arbeit, aber nicht etwa von Giusto di Padova, der grotesker in den Formen und tiefer in der Farbe ist.

Noch ein räthselhaftes Bild hängt in der deutschen Abtheilung, 596, die Hochzeit zu Cana, das auch bereits vier bis fünfmal den Namen gewechselt, zuerst (1709) Jean de Bruges (van Eyk); dann (unter dem Kaiserreich) Hans Hemmelinck; 1841 wieder van Eyk; später Roger van der Weyden; jetzt „inconnu," mit dem Zusatz vom Ende des 15. Jahrhunderts, eine Zeitbestimmung, die ich noch um 15 bis 20 Jahr uns näher rücken würde, wo bereits der Einfluß der Renaissance sichtbar ist. Man sieht die freiwerdende Zeichnung, die starke Modellierung (selbst Hellblau und Weiß haben tiefe Schatten); das kräftige Colorit; rundliche, nicht sehr naturalistische Gesichtsformen — dabei wenig Ausdruck — man bemerkt weder den Weinmangel bei dem Hochzeitmahl, noch Abhülfe des Mangels; auch ein Bräutigam ist nicht herauszufinden. Die Säulen des Saales sind Renaissance; zwischen durch sieht man auf eine gothische Kirche und auf ein halbgothisches Rathhaus. Durchweg spürt man das Bestreben nach äußerer Vollendung, weniger das Interesse für Form und Darstellung. Nach meiner Meinung steht das Bild dem Bernhard von Orley näher, als einem Andern.

Auffallender Weise besitzt die Galerie des Louvre kein Bild von Albrecht Dürer! Wäre denn keines mehr im Privatbesitz und verkäuflich? Dagegen ist H. Holbein auf die würdigste Weise vertreten durch acht ausgezeichnete Bildnisse: des Nicolaus Kratzer aus München, Astronomen König Heinrich's VIII. von England (1528); des William Warham, Erzbischofs von Canterbury, 1527 in seinem 70. Jahre, im großartigsten Styl, mit breiter Zeichnung und doch ganz individuellen Zügen; des Erasmus Rotterodamus, einst von Adam Newton an Carl I. von England gegeben, von diesem zugleich mit einer heil. Familie von Tizian an K. Ludwig XIII. abgetreten, für den Johannes Bapt. von Leonardo, der nach dem Tode Carls wieder für den Louvre erworben worden; — des Thomas Morus, in offenbar sehr verdrießlicher Laune, so daß man ihm die Liebe nicht ansieht, mit der er sich Holbein's in England und beim König angenommen; — der Anna von Cleve, Gemahlin Heinrich's VIII., in reicher und schöner Tracht, aber von etwas schwacher Zeichnung; — dazu noch drei männliche Bildnisse, von denen eines als das des Ritters Southwell erkannt ist.

Vierzig große Gemälde des Louvre tragen den Namen des Peter Paul Rubens. Ich bewundere die Menschen, deren Bewunderung davor aushält. Eine große Zahl dieser Gemälde hat die Geschichte der Maria Medicis zum Gegenstand. Diese 21 Bilder sind nur von Gehülfen des großen Meisters in der Werkstatt zu Antwerpen ausgeführt nach sehr flüchtigen Skizzen, die er (1520) in Paris gemacht, und davon sich 18 in der Pinakothek zu München befinden. Die ganze ungeheure Arbeit ist in 2, nach Andern in 3 oder 4 Jahren ausgeführt worden. Früher waren diese Ge=

mälde im Palais Luxembourg, das Maria Medicis nach der Aussöhnung mit ihrem Sohne hatte erbauen lassen, und das sie zum Gedächtniß der großen Ereignisse mit Darstellungen aus ihrem Leben durch den ersten Künstler der Zeit schmücken lassen wollte. Es ist bezeichnend für den Geist dieser Zeit, wie für den Geschmack von Rubens, wie er seine Aufgabe gefaßt: wie überschwänglich alle Bezeichnungen der königlichen Würde, für welche der Olymp die höchsten Götter leihen mußte, wie schwülstig die allegorische Bildersprache durchgängig ist, wie wenig zart die Anspielungen, wie plump die Schmeicheleien, und wie abgeschmackt die naturalistischen Verbindungen von Allegorie und Wirklichkeit sind. Einige Beispiele mögen genügen: 434. Die Zukunft der Maria Medicis; die Parzen spinnen ihren Lebensfaden, Juno erbittet sich beim Jupiter die Erlaubniß, bei ihrer Geburt Beistand zu leisten. — 436. Die Erziehung der Maria Medicis; auf den Knieen der Minerva lernt sie schreiben; die Grazien bringen ihr eine Krone; Apollo mit der Baßgeige flößt ihr Geschmack für Musik, und Mercur, vom Himmel steigend, Beredtsamkeit ein; die castalische Quelle reizt sie zur Poesie, Palette, Meißel 2c. zur Malerei und Bildnerei. — 438. (Procura-) Trauung von Maria Medicis mit Heinrich IV Mitten in einer Kirche vor dem Altar, und in einer Gesellschaft von fürstlichen

Personen und Hofleuten in höchster Gala, trägt ein junger, ganz nackter Mensch, der sich durch eine brennende Fackel als Hymen zu erkennen gibt, die Schleppe der Prinzessin Braut. — Bei der wirklichen Verbindung ist das junge Ehepaar als Jupiter und Juno dargestellt. — 441. Die Geburt Ludwig's XIII. 27. Sept. 1601. Maria Medicis, ihr Haupt gestützt auf den Arm Fortunas, hat eben den Dauphin geboren und betrachtet ihn mit Entzücken. Neben ihr steht die Gerechtigkeit, welche den Dauphin dem Genius der Gesundheit empfiehlt; auf der andern Seite die Fruchtbarkeit, die in einem Füllhorn der Königin die andern fünf Kinder zeigt, die sie noch gebären wird! — Ich meine, die gegebenen Belege reichen aus. — Schöne Bildnisse von Rubens' eigner Hand besitzt die Sammlung, drei bedeutende Landschaften und die berühmte Dorfkirmeß, die — eines der ursprünglichsten Genrebilder — an Wildheit von keinem Breughel oder Teniers und Brower erreicht worden.

Unter den vielen herrlichen Bildnissen von der Hand Van Dyk's fiel mir besonders 140 „eine Dame und ihre Tochter" auf. Es war bereits in der Sammlung Ludwig's XIV ist im Inventar von 1709 als „die Frau von Rubens" und später als die „Frau von Rubens' Bruder" aufgeführt. Es ist aber ganz unzweifelhaft dieselbe Frau mit demselben Kind, die in der Pinakothek von München als Van Dyk's Frau bezeichnet ist, nur daß sie im Pariser Bild heiter und glücklich aussieht, im Münchner Bild aber sehr trübe und trostbedürftig.

Es kann meine Absicht nicht sein, die Werke der Niederländer, die in reicher Fülle und köstlicher Auswahl im Louvre sind, zu besprechen — wie wäre Raum für mich, Geduld für den Leser zu gewinnen? — nur an zwei Bildern kann ich nicht ganz stumm vorüber gehen: eine heilige Familie von Rembrandt. Der Katalog nennt es freilich nur eine Zimmermanns-Wohnung; aber das gerade ist Rembrandt's Humor, die heiligen Geschichten, die seine Vorgänger im 15. Jahrhundert in die gute Gesellschaft ihrer Zeit verlegt, in die Kreise überzuführen, denen sie noch wahrscheinlicher angehört haben: eine arme Frau, die ihrem Kind, neben der Wiege sitzend, die Brust gibt, eine Alte, die eine Brille und ein Buch hält und das Kind liebkost, am Fenster ein Mann mit dem Hobel beschäftigt. Alles so gewöhnlich als möglich; aber auch alles mit einem so zauberischen Licht umflossen, daß man sich doch wenigstens in eine höhere Stimmung gehoben fühlt, wenn auch nicht zu der Gemeinschaft der Heiligen.

Das andere ist 370 der Dorfschulmeister von Adr. Ostade, eine Perle des Humors, ein Edelstein der Malerei! Unschuld, Fleiß, Faulheit und Unwissenheit,

Jammer und Angst, Schalkheit und Verschlagenheit im köstlichsten Durcheinander und über ihnen der Donnergott mit der Ruthe! ach, der auch kein examen rigorosum bestehen würde. Und das Bild ist gemalt wie gehaucht, als ob es von selbst aus dem Pinsel geflossen wäre!

XI.

Paris: Café's. Denkmale. Pantheon. Notre Dame. Gau. Hittorf. Ingres. Stürler.

Bevor wir uns zu den Italienern wenden, folgen mir meine Leser wohl noch einmal hinaus in die bunte, bewegte Welt von Paris. Besonders glänzend standen in meiner Erinnerung aus frühern Tagen die Café's, mit ihrer luxuriösen Einrichtung; den vielen Spiegeln; der Dame auf dem Thron, bei der man im Zweifel blieb, ob Kunst oder Natur, Toilette oder Angesicht mehr zu bewundern sei; den vielen Zeitungen des In- und Auslandes; dem wohlfeilen Kaffee. Das ist anders geworden: was Paris an Glanz gewonnen, haben die Café's verloren. Der Styl der Madonnen auf dem Thron hat sich sehr der niederländischen Schule bequemt; der Kaffee ist bedeutend theurer geworden; die „Allgemeine Zeitung“ ist nirgend mehr zu sehen, und von deutschen Blättern höchstens hie und da die „Kölnische“; der Cigarre aber ist man überall ausgesetzt.

Wie malerisch gruppiert sich die Stadt, wenn man

am linken Seineufer die Quais entlang geht, und hinüber sieht auf die alten Stadttheile, auf den Justizpalast, die Ste. Chapelle mit ihrem schlanken Spitzthurm, nach der Kuppel des (ehemaligen) Pantheons und den Thürmen von Notre Dame! Dazwischen die bewimpelten Maste der Schiffe, die Brücken, die großen Baumgruppen, und die Häusermassen dahinter! An letztern muß eine häufig wiederkehrende Form der Eckhäuser auffallen, die durch die oft im spitzesten Winkel zulaufenden Straßen gebildet wird und der Façade eines solchen Hauses das Aussehen eines Obelisken gibt, in den man Fenster eingesetzt.

Paris hat im Verhältniß zu seiner Größe und seiner Geschichte wenig Denkmale der Sculptur. Bekannt aus älterer Zeit ist der von dem ehrnen Napoleon der Vendomesäule durch die Bourbonen wiederhergestellte Heinrich IV. auf Pont neuf; dann die sehr mittelmäßige Reiterstatue Ludwig's XV auf Place des Victoires; den XVI. und XVIII. Ludwig feiert kein Denkmal; Carl X. kann sich durch die Säule auf dem Platz der Bastille mit dem Genius der Freiheit, der in schwindelnder Höhe kaum mit einer Fußspitze den Boden berührt, in das Gedächtniß der Welt eingezeichnet halten, und mit ihm die Freiheit selbst, die seiner Vertreibung folgte; auch an Louis Philipp und seine in vieler Beziehung weise und wohlthätige Regierung erinnert kein öffentliches Denkmal; nur Napoleon I. schaut noch von der Vendomesäule, auf die ihn Ludwig Philipp wieder gestellt, über Stadt und Land; aber sein kaiserlicher Neffe hat ihm den Soldatenrock ausgezogen und den Feldherrnhut abgenommen, und hat ihm dafür den Krönungsmantel umgethan und die Lorbeerkrone um die Stirne gelegt; — „L'empire c'est la paix!" Diese neueste Statue ist von Dumont, und diesem Künstler war

beschieden, die geringe Zahl der Monumente in Paris noch um eines zu vermehren; von seiner Hand ist die Statue des Prinzen Eugène Beauharnais, in Generals-Uniform auf einem freien Platz des Boulevart Prince Eugène. Warum aber, möchte man fragen, trägt der Adoptivsohn des Kaisers nicht die Zeichen seiner erhabenen Stellung als Vicekönig von Italien zur Schau? Sollte wohl die Politik des Tages der geschichtlichen Consequenz und dem Verlangen der Kunst entgegengetreten sein? Da hat man sich in München gegen solche Fragen sicherer gestellt, indem dort (auf seinem Grabmal in der St. Michaeliskirche) der Fürst gänzlich unbekleidet steht und nur durch ein nicht sonderlich glückliches (aus dem Worte „vices" gedrehtes) Wortspiel der lateinischen Inschrift an das italienische Vicekönigthum erinnert wird. — In der Rue Richelieu ist ein Brunnen, der Molière's Namen und seine von dem Genius der Dichtkunst bekränzte, und von zwei allegorischen Figuren umgebene Statue trägt, eine achtbare Arbeit des verstorbenen Bildhauers Pradier.

Das dürfte Alles sein, was Paris an Ehrendenkmalen, (außerhalb der Kirchen und dem Père Lachaise) aufzuweisen hat. Dagegen hat es dem Ruhme Frankreichs einen mächtigen Tempel innerhalb seiner Mauern errichtet: das Pantheon! Ursprünglich (1761) erbaut als Kirche der heil. Genofeva wurde es 1791 zum Pantheon und zur Ruhestätte der Asche großer Franzosen bestimmt; 1806 aber der Heiligen und dem Kirchendienst von Neuem geweiht; 1830 erhielt es wiederum seinen heidnischen Namen und seine patriotische Bestimmung, mußte aber 1851 beide abermals in die Hände der Kirche niederlegen. Doch sitzt Voltaire noch immer im Fronton, ohne in einen Heiligen verwandelt zu sein, und an den Wänden im Innern darf man noch heute, während der Priester die Messe liest, an guten Copien von Raphael's Parnaß und der Schule von Athen sich ergötzen.

Wir sind nicht weit von Notre Dame; gehen wir dahin! Der Platz vor der Kirche ist vollkommen frei; die Restaurationen der Nordseite sind beendigt; an den Seiten stehen noch Gerüste. Alle Theile, selbst die Statuen, sind im Styl des 13. und 14. Jahrhunderts hergestellt, so daß auch hier der Kunstgeist unserer Zeit, der — anders als der der drei letzten Jahrhunderte

— die Eigenthümlichkeit einer jeden achtet und bewahrt, Hammer und Meißel geführt hat. Aber auch im Innern hat er gearbeitet und zwar zu meiner großen Befriedigung. Bei der Herstellung der St Chapelle im Justizpalast hat man geglaubt, die ganze innere Architektur mit bunten Ornamenten bedecken zu müssen, wie sie im 14. oder 15. Jahrhundert bedeckt gewesen. Sei es nun, daß man die Geschmacklosigkeit solcher Bemalungen nicht auf die Kathedrale hat übertragen wollen, sei's daß man hier auf frühere Farbenreste nicht gestoßen ist — kurz, man hat sich begnügt, Säulen, Wände und Wölbungen vom Schmutz und Ruß der Jahrhunderte zu befreien und sie mit ihrer Naturfarbe im Gegensatz gegen die bunten Glasfenster und Altargemälde wirken zu lassen — sehr zum Vortheil des großen, ruhigen Eindrucks der erhabenen Architektur. — Der Chor ist durch eine ziemlich hohe Chorwand vom Umgang abgeschlossen. Diese Wand ist ringsum mit Reliefs, Darstellungen aus dem Leben Christi, besetzt, die mir von besondrer Bedeutung auch für die deutsche Kunstgeschichte zu sein scheinen. Sie gleichen im Styl sehr auffallend den Bildnereien der cölnischen Schule. Welche sind älter? Zwischen altfranzösischen und altflandrischen Miniaturen herrscht eine große Uebereinstimmung; selbst altfranzösische Altargemälde sieht man im Louvre, und im Hotel Cluny, die man leicht für altdeutsche

Arbeit halten könnte; so ist eine Krönung Mariä in Relief im Louvre, die den schwäbischen Bildnereien des 15. Jahrhunderts sehr nahe steht; der große Elfenbein-Altar aus Poissy, ebenfalls im Louvre, gestiftet um 1400 von Jean de France, Duc de Berry und seiner Gemahlin, Jeanne, Comtesse d'Auvergne et Boulogne mit Darstellungen aus dem Leben beider Johannes und vielen andern heiligen Figuren und den Stiftern, gleicht in Einfachheit und Strenge des Styls beinahe den Werken des Andrea Pisano. — Wie ist Zusammenhang in diese Erscheinungen zu bringen? Der letzte Fall ist leichter zu entscheiden als der erste. Die Pisaner Schule hat sich im 14. Jahrhundert ausgebreitet, wie die des Giotto, oder vielmehr mit ihr; ob aber die Formen im 13. Jahrh. von Cöln nach Paris, oder umgekehrt gewandert, darüber fehlen uns noch sichere Anhaltpunkte. Die Familienähnlichkeit aber ist unverkennbar; nur daß die Heiligen in Cöln von schlankerem Wuchse sind als ihre Vettern in Paris. Es folgen sich auf der einen Seite Mariä Heimsuchung, Christi Geburt, Anbetung der Könige, Kindermord, Flucht, Darstellung im Tempel, Christus unter den Schriftgelehrten, Taufe, Hochzeit zu Cana, Einzug in Jerusalem, Abendmahl, Fußwaschung und Gebet am Oelberg; dann auf der andern Seite: Noli me tangere, Christus erscheint drei Frauen, dann dem Petrus, dann den Jüngern in

Emmaus, dann den Elfen, dann überzeugt er den Thomas, endlich die Scene am See Tiberias und die letzte Mahnung und Weisung. Den Formen und Bewegungen kann man die Schönheit nicht absprechen, die Darstellung ist lebendig und wahr und die Aufgabe stets mit wenig Aufwand gelöst. Die Figuren sind, wie man stellenweise erkennt, farbig übermalt gewesen.

Für 50 Cent. hat man Zutritt zu der Sacristei. Das könnte man sich auch in Cöln zum Muster nehmen, wo man die gleiche Gunst mit einem Thaler erkaufen muß! Große Schätze sind dort aufbewahrt und es erscheint als ein Wunder, daß goldne Crucifixe, Kelche und Monstranzen aus dem 10. bis 15. Jahrhundert den nicht sehr scrupulösen Händen der Revolution entgangen sind. Auch ein Denkmal königlicher Frömmigkeit aus unsern Tagen wurde uns gezeigt, eine Monstranz, die Ludwig XVIII. bei der Taufe des Duc de Bordeaux der Kathedrale geschenkt und an welcher eine Sonne von mehren tausend Diamanten glänzt. Ob sie wohl auch nach sechs Jahrhunderten an dieser Stelle wird bewundert werden können, wie die Monstranz Ludwig's des Heiligen? Im Ganzen verhält sich die Welt noch so wie zu Salomo's Zeiten; aber auch die Heliodore sind noch nicht von der Erde verschwunden.

Deutschland hat Paris zwei Künstler gegeben, die

es mit bedeutenden Werken der Baukunst geschmückt; beide sind aus Cöln gebürtig, beide haben sich zu Anfang des Jahrhunderts nach Paris begeben, beide aber haben verschiedene Kunstziele verfolgt: der ältere, Gau, obschon Mitglied der ägyptischen Expedition unter Napoleon I., war Romantiker, der jüngere, Hittorf, hat sich in der Bahn der classischen Schule gehalten. Gau hat die Kirche der heil. Clotilde unweit des Invalidendomes gebaut, und hat sich dafür vornehmlich an die Kirche St. Ouen zu Rouen aus dem 14. Jahrhundert gehalten. Als er den Bau begann — ich glaube die Pläne bereits 1824 bei ihm gesehen zu haben — war es ein bedenkliches Wagstück, gothische Formen in die Capitale der Civilisation zu bringen. Seitdem hat der Geschmack sich modificiert und auch das Mittelalter ist wieder hof- und tafelfähig geworden. Ste. Clotilde ist ein gothischer Neubau von großer Schönheit und Strenge des Styls, von ernstem harmonischen Gesammteindruck im Innern, der erhöht wird durch die gemalten Fenster, deren Licht der nicht bemalten Architektur einen leichten, farbigen Schein gibt.

Hittorf hat die von seinem Schwiegervater begonnene Kirche St. Vincent de Paule vollendet, die Pläne zum Concordienplatz entworfen, die Etablissements in den Champs élysées gebaut, sowie mehre Gebäude im Bois de Boulogne, und ist gegenwärtig beschäftigt mit dem Bahnhof der Nordbahn. In allen seinen Werken ist für Anlage, Ausführung und Ausschmückung die griechische Antike und die ihr verwandte italienische Renaissance maßgebend. Sein edler Formensinn ist auch begleitet von einem feinen Geschmack für die Farbe, so daß er nicht nur bei den weltlichen Gebäuden, wo buntes Leben eher am Platz ist, als bei kirchlichen Monumenten, sondern selbst in St. Vincent de Paule der Polychromie durch Mäßigung und harmonische Farbenzusammenstellung eine wahrhaft künstlerische Wirkung abgewonnen hat.

Ein intimer Freund von Hittorf ist der Maler Ingres. Ich kannte ihn noch von Rom her. Darauf fußend und mit Grüßen von Hittorf klopfte ich an seinem Atelier an. Ingres steht in seinem 84. Jahre; und noch denkt er nicht daran, die Palette aus der Hand zu legen. Ich ward aufs freundlichste aufgenommen und hatte — mit noch andern Freunden seiner Kunst — Gelegenheit, seine neuesten Arbeiten zu betrachten: einen Oedipus, der das Räthsel der Sphinx löst; Christus unter den Schriftgelehrten im Tempel; das goldene Zeitalter, fast miniaturartig ausgeführte kleine Figuren, ein Stück Harem mit lauter unbekleideten Frauen, eine colossale Madonna rc. Ingres hat seiner Zeit den ersten Anstoß gegeben, den effectvollen Naturalismus zu verlassen und nach idealen, schönen

Formen zu streben. Unter den vielen Künstlern, die in seine Fußstapfen getreten, war wohl Flandrin der bedeutendste; er ist leider! vor Kurzem gestorben. Ihm war es gelungen, vor dem Widerspruch sich zu schützen, in welchem unverkennbar sein Meister sich befindet. Schönheitssinn ohne Sinnlichkeit ist kaum zu denken; in dieser aber liegt eine große Gefahr für die Kunst. Ingres stellt das goldne Zeitalter dar, in welchem die Menschen noch nicht wußten, daß sie nackt waren; damit auch wir es nicht bemerken, leitet er unsre Augen auf seine Gedanken, und wir sehen hier eine Gruppe Menschen, die sich in Weisheit und Tugend unterrichten lassen; dann eine andere in Ausübung der Religion, und eine dritte, in der die Liebe waltet. Ingres hat aber noch ein anderes Mittel, die Sinnenlust in Schranken zu halten und wendet es selbst in seinem Harem an: er hält sein Colorit in einer idealen, fast kalten und trocknen Höhe, und bleibt damit mehr im Gebiet der Sculptur, die besser als die Malerei gegen die Sinnenreize des Naturalismus geschützt ist. Flandrin aber hat einen andern Ausweg gefunden: er bleibt innerhalb der Schranken der kirchlich-religiösen Kunst und befriedigt seinen Schönheitssinn an bekleideten Gestalten.

Ich gedenke hier eines angenehmen Begegnisses beim Fortgehen von Ingres. Ich verließ das Atelier mit einem Manne, dessen Physiognomie mir auf- und gefiel. Wir kamen in's Gespräch über die Geistesfrische, Hand- und Augenkraft von Ingres, und — da unsre Wege sich nicht trennten, — über Kunst, — über Deutschland, über München, wo er gewesen, und unter den Künstlern Freunde hatte. Dies gab mir die Veranlassung, seinen Namen mir zu erbitten; er gab mir seine Karte, und wie ich den Namen sehe, sage ich: „Das ist heut nicht das erste Mal, daß wir uns sehen. Vor 31 Jahren sind wir uns in Florenz begegnet!" „Richtig! sagte er, in der Akademie, wo Sie die Kreuzabnahme von Fiesole gezeichnet." Die Namen waren im Gedächtniß geblieben; die Züge wären es wohl auch; sie mögen aber nicht so dauerhaft sich erwiesen haben, als die Namen. Mr. Stürler — das ist der seinige — ist Maler, Schüler von Ingres, stammt aus der Schweiz, ist aber Franzos und lebt in Paris. Er ist mit einer Engländerin verheirathet und führt ein glückliches Familienleben, in das er mit der liebenswürdigsten Gastfreundschaft mich und meine Frau eingeführt. Der Abend, den wir dort zugebracht, gehört zu den erfreulichsten Erinnerungen unsrer Reise. Stürler verbindet mit dem Feuer und der Lebhaftigkeit des Franzosen einen sprudelnden Humor und jene spielende heitere Laune, die man zumal mit stets bereitem Uebergang zum Ernst vorzugsweis bei unsern Landsleuten antrifft, und seine Frau folgt den raschen und springenden Bewegungen seiner Phantasie mit so viel Leichtigkeit und Anmuth, daß sie damit die übliche Charakterzeichnung von Engländerinnen Lügen straft.

XII.

Louvre: Italiener.

Ich lade meine Leser ein, noch einen Gang mit mir durch die Gemälde-Räume des Louvre zu machen. Haben wir doch den Spaniern, den Franzosen noch keinen Blick geschenkt; sind wir doch sogar an Italien noch immer stumm vorübergegangen!

Bei den deutschen Gemälden steht offenbar ein anderes Interesse im Vorgrund, als bei den italienischen. Dort ist es das Bedürfniß, dem mehr oder minder Unbekannten die rechte Stelle anweisen zu helfen und die Eigenthümlichkeiten zu bezeichnen, durch die sich Verwandtes von Verwandtem scheidet, hier haben wir es fast ausschließlich mit bekannten Namen und Werken und zweifellosen Benennungen zu thun. Und so werden wir hier vorzugsweis Bekanntes zu Bekanntem stellen und für die Erkenntniß desselben einen Ausdruck suchen. Zwar sind die Gemälde im Louvre nach einer Art Werthschätzung geordnet, so daß die vorzüglichsten ohne Unterschied der Zeiten und Schulen in einer Tribüne vereinigt sind, worauf sodann bei den übrigen Räumen auf diesen Unterschied Rücksicht genommen ist. Wir ziehen es vor, unsre Betrachtungen an der Hand der Geschichte zu machen.

An das Gemälde Giotto's, die Stigmatisierung des heil. Franz, sowie die Krönung der Jungfrau von Fiesole knüpft sich eine kleine Geschichte, die ich von einem Augen- und Ohrenzeugen habe. Das erstre war ehedem in San Francesco zu Pisa, das zweite in San Domenico zu Fiesole bei Florenz; beide wurden von Napoleon als Siegesbeute nach Paris gebracht. Als nach beendigtem Krieg gegen Napoleon die geraubten Schätze von den Siegern zurückgenommen und von Frankreich zurückgegeben wurden, sollten die florentinischen Commissarien auch diese beiden Werke, sowie die Heimsuchung von D. Ghirlandajo (204) u. a. m. in Empfang nehmen, lehnten sie aber als „roba vecchia" ab. Und so sind sie im Louvre geblieben. Es gibt nur wenige Tafeln von Giotto. Diese ist die größte mir bekannte und ein Schatz für die italienische Kunstgeschichte. Lustig sind die Predellenbilder, auf denen Innocenz III. träumt, die Kirche des Laterans stürze ein und St. Franz allein halte sie; worauf er ihm das Kleid und die Regel des Ordens gibt; dann, wo St. Franz den Vögeln predigt.

Fiesole's Gemälde ist allgemein durch das Werk von Ternite und A. W. Schlegel bekannt. Im Jahr 1851 war es umgeben von Bildern von Van Dyk, Rubens, Gerard Dow und Tizian! Nachtigallschlag unter Begleitung von Janitscharen-Musik! Das ist nun geändert und gebessert. Und doch möchte ich noch eine Aenderung und Besserung. Von allen Künstlern paßt Fiesole am wenigsten in große Gesellschaft, in eine Galerie. Hängt das Bild in ein mäßig kleines Zimmer für sich allein. Ihr gebt ihm damit wenigstens einen Theil seiner ursprünglichen Wunderkraft zurück, die im Geräusch der Menge nicht zum Worte kommt.

Ich weiß nicht, ob ein drittes Bild des Musée Napoléon aus Toscana auch als „roba vecchia" in Paris geblieben ist: die Glorification des Thomas von Aquino von Benozzo Gozzoli. Es war ehedem im Dom von Pisa und ist eine fast wörtliche Wiederholung des Gemäldes von Francesco Traini, das sich noch gegenwärtig in S. Francesco zu Pisa befindet, und das u. A. dadurch merkwürdig ist, daß neben Paulus, Moses und den Evangelisten auch Plato und Aristoteles eine Ehrenstelle über einem christlichen Altar einnehmen. Noch ist's auch interessant, daß man den zu Boden geworfenen Gegner des heil. Thomas im Katalog Guillaume de Saint-Amour nennt, während er — sogar bis auf den Turban — ganz dem durch Beischrift bezeichneten arabischen philosophischen Theologen Averrhoes aus Cordova des Traini gleicht. Selbst in der Benennung des auf dem Bilde mit aufgeführten Papstes weicht der Katalog von Vasari ab, der freilich statt Urban IV. (oder VI. bei Traini) aus offenbarem Versehen Sixtus IV. nennt, und bezeichnet ihn als Alexander IV

Zu den Werken ältrer Florentiner im Louvre gehören ferner zwei Altarbilder von Fra Filippo Lippi, dem frommen Klosterbruder, den sein Gelübde der Keuschheit nicht abgehalten, die schöne Novize Lucrezia, nachdem sie ihm zur heiligen Jungfrau als Modell gesessen, zu entführen und mit ihr in wilder Ehe zu leben. Phantasie und Gewissen müssen in manchem Menschen sehr weit geschiedene Wohnungen inne haben, so daß die Stimme des letztern jene nicht erreicht, noch stört. Fra Filippo hat sehr heilige Madonnen nach seiner Lucrezia gemalt und wenn sie auch mehr Fleisch und Bein haben, als die Heiligen seines Mitbruders Fiesole, so sind sie doch von der gemeinen Erden-Wirklichkeit weit entfernt. Von den beiden Gemälden im Louvre ist vornehmlich das größere dreitheilige, 234, von leuchtendem Werth: eine Madonna, die, von Engeln und Engelkindern umringt, flehend das in einer um ihren Hals gelegten Schärpe stehende

Kind so an ihrer Seite hält, daß es zu schweben scheint. Vor ihnen knieen der Donator Bartolommeo Barbatori von der einen und ein Bruder Carmeliter von der andern Seite, in welchem man den Maler selbst erkennen will. Das Bild war für die Sacristei von Santo Spirito in Florenz gemalt, und Vasari sagt mit Recht von ihm: „es ist ein seltnes Werk und war stets in hohen Ehren gehalten von den Meistern unsers Landes." Großartig im Styl der mächtigen Formen, macht es durch die Haltung der Figuren, durch die Ruhe des Ausdrucks eine ergreifende Wirkung.

Wenn man an der Angabe Vasari's zweifeln wollte, daß Raphael in der Kunst des Colorits von Fra Bartolommeo sich habe unterweisen lassen, so dürfte man nur die Madonna in trono mit den vielen Heiligen (65) betrachten, ein Bild von wahrhaft mächtiger Farbenwirkung in Pracht und Harmonie; nur daß diesen Ton Raphael nie angeschlagen. Es waltet ein eignes Schicksal über den großen Coloristen: so wie sie dieser Seite der Kunst sich zuwenden, kommt leicht ein höheres Interesse in Gefahr. Wie manieriert ist häufig die Zeichnung Correggio's! Sebastian del Piombo wußte kaum zu componieren; selbst bei Tizian ist zuweilen die Composition Nebensache, und heilige Geschichten von Rubens und Van Dyk behalten, wenn man ihnen das bunte Kleid auszieht, wenig künstlerischen Werth. Fra Bartolommeo hat über dem Zauber der Farbenwirkung die Wahrheit der Bewegungen vergessen und durch überströmende Süßigkeit dem Ausdruck die Natürlichkeit genommen. Er hatte i. J. 1511 das Bild für die Kirche San Marco in Florenz gemalt; die Signoria aber kaufte es der Kirche ab und schenkte es im April 1512 dem französischen Gesandten Jacques Hurald, der es in die Sacristei der Kathedrale von Autun gestiftet, von wo es in den Louvre gekommen.

Inzwischen bildet die Farbenlust nicht die einzige Gefahr für den Maler. Die eifrige Verfolgung jedes einzelnen Mittels der Darstellung hat leicht die gleiche Wirkung. Lorenzo Credi ist ein Künstler, dem es immer sehr Ernst gewesen ist um den Inhalt seiner Bilder und um ihre innerste Wahrheit. Im Bilde 177, Madonna in trono mit den heil. Julianus und Nicolaus, das Vasari für seine vorzüglichste Leistung erklärt, hat ihn der Fleiß der Ausführung zu einer Glätte der Behandlung verleitet, unter der die Zeichnung das Charakteristische verliert.

Andrea del Sarto heißt der Raphael Toscana's. Als solchen scheint ihn bereits König Franz I. von Frankreich geschätzt zu haben; denn er berief ihn 1518 nach Paris, wo er denn auch sogleich das Bild für ihn malte, das nun unter 437 im Louvre hängt: eine Caritas mit drei Kindern, von denen eines hastig die Brust nimmt, eines schläft und eines mit Blumen spielt. Es ist vortrefflich gemalt, mit flüssigem, etwas verblasenem Farbenauftrag; wenn aber Raphael's Kunstseele in der Schönheit der Formen und Bewegungen sich kund gibt, so ist man bei del Sarto mit seinem Namen zu freigebig gewesen.

Wenden wir uns nun dem nördlichen Italien zu, so tritt uns einer der merkwürdigsten Künstler entgegen, den die Geschichte kennt, Andrea Mantegna. Aufgewachsen in der Zeit des überhandnehmenden Realismus, begabt mit einem idealen Formensinn; achtungsvoll gegen die überlieferten Gesetze der Anordnung und doch voll poetischer Anwandlungen, die sich dadurch beschränkt sahen, bleibt er in einem Kampf der Gegensätze, die seinen Werken einen unverkennbaren Reiz geben, aber doch keine befriedigende Wirkung sichern. Statt aus der Natur die Formen zu suchen, entlehnte er sie von der antiken Sculptur, und wenn die Strenge der Anordnung und der Zeichnung die Darstellung der Wirklichkeit zu entrücken drohte, brachte er alles unter das Gesetz perspectivischer Verkürzung, um den Schein der Wahrheit hervorzubringen. Wie aber die Antike seine Zeichnung beherrscht, so schöpft seine poetische Phantasie ihre Anschauungen mit Vorliebe aus der Mythologie. Zwei Gemälde, gleicher Größe, mythologisch-allegorischen Inhalts, einst Eigenthum der kunstliebenden Fürstin Isabella von Este, sind wahrscheinlich aus dem Nachlaß Carl's I. von England, der die ganze Mantuanische Sammlung gekauft hatte, nach Frankreich gekommen. Sie sind wohl mit Beziehung auf einander gedacht, obschon es nicht leicht ist, die versteckten Gedanken des sinnreichen Künstlers alle herauszufinden. Das eine heißt im Katalog „der Parnaß," führt aber im Inventar der Herzogin Isabella den Namen: „Mars und Venus in Liebe." Da nun das andere Gemälde, „die Vertreibung der Laster" vorstellt, so scheint jenes ein Bild des göttlichen Lebens in himmlischen Freuden zu sein, bei denen das Verhältniß zwischen Mars und Venus ganz in der Ordnung angenommen ist. Diese stehen, er im Waffenschmuck, sie mit gänzlich unverhüllten Reizen, beide Muster männlicher und weiblicher Schönheit in Form, Haltung und Bewegung, in der Mitte des Bildes auf einer Art Felsenthor, begleitet von Amor, der in sehr boshafter Absicht mit einem Blaserohr nach dem aus seiner Werkstatt tretenden Vulcan zielt, um seine Eifersucht zu strafen. Die Liebe zwischen Mars und Venus wird als Fest gefeiert: vor ihnen tanzen die Musen, zum Klange von Apollo's Leier, und in sichtlicher, fast wilder Aufregung ihren

Reigen, dem, an den (langhaarigen) Pegasus gelehnt, Mercur in großer Seelenruhe zusieht. Die Zeichnung ist sehr streng, aber von großer Schönheit, die Ausführung von höchster Vollendung. Auffallend ist die außerordentliche Kleinheit des Musengottes, die auch wohl dem Verfasser des Mantuanischen Inventars Veranlassung gegeben, ihn für einen sterblichen Menschen, für Orpheus, zu nehmen.

Ein so beglücktes Leben bei Musik und Tanz und Liebe ist nur denkbar, wenn wirkliche Störenfriede fern gehalten werden. Was Amor gegen den einigermaßen berechtigten Groll Vulcans gethan, das übernehmen (in dem zweiten Bilde) Minerva und Diana, mit Hülfe der Philosophie, die eine brennende Fackel schwingt, gegen gefährlichere Feinde: Thierische Leidenschaften, Wollust, Müßiggang, Trägheit, Betrug, Bosheit, Trunksucht, Dummheit, Undankbarkeit und Geiz. Es ist wohl die niedrigste sinnliche Begierde, die unter einem Satyrweib dargestellt ist, das drei kleine Satyrn im linken, einen größern am rechten Arm, vor Minerva flieht, deren Lanze im Kampf bereits zerbrochen, und die durch eine Schaar fliegender Liebesgötter von der Verfolgung abgehalten werden soll. Die schöne, nackte, verführerisch lächelnde, weibliche Gestalt, mit dem Bogen in der Hand, auf dem Rücken eines Centauren sitzend, von der Philosophie in das Sumpfgewässer des Vorgrundes getrieben, ist wohl die etwas feinere Verwandte von jener, die Wollust. Daneben flieht, ebenfalls ins Wasser gejagt, ein Satyr mit einem Kind im Arm, und auf der rechten Schulter ein Liebesgott mit zwei brennenden Fackeln; wohl auch in die Familie der sinnlichen Lüste gehörig. Ferner ist in den Sumpf getrieben die „Trägheit“ (Inertia), von der ein dickes, nacktes Weib ohne Arme am Stricke geführt wird. Daneben steht am Uferrand: Otia si tollas periere cupidinis arcus. (Mußt die Trägheit überwinden, soll dir die Begierde schwinden!) Die gekrönte „Iniorancia“ ist sehr fett und dick, und nackt, und wird wie ein Sack von den gleichfalls nackten „Ingratitudo“ und „Avaricia“ durchs Wasser geschleppt. Felsen erheben sich im Vorgrund, zwischen Baumstämmen sieht man in eine weite Landschaft; von oben herab schweben, um Theil zu nehmen an dem Kampfe gegen die Laster, die Gerechtigkeit, die Stärke und die Mäßigung. Auf einem Band am Felsen stehen die Verse:

Et mihi virtutum matri succurrite divi.

(Kommet ihr Göttlichen mir, der Tugenden Mutter, zu Hülfe!)

und auf einem andern an einem Baume:

Agite, pellite sedibus nostris
Foeda haec viciorum monstra
Virtutum coelitus ad nos redeuntium divae comites.

(Auf ihr Gefährtinnen der vom Himmel zu uns zurückkehrenden Tugenden, vertreibet von unsern Sitzen die scheußlichen Mißgestalten der Laster!)

Ungeachtet der sehr complicierten Allegorien, die mehr des Beschauers Scharfsinn, als sein Auge und Gefühl in Anspruch nehmen, bringt das Bild durch die leidenschaftliche, dramatische Darstellung, wie durch die geniale und meisterhafte Zeichnung einen bedeutenden Eindruck hervor. Wir sehen, wie bei geistvollen Künstlern das Bedürfniß sich geltend macht, im Wettstreit mit der Kunst des Wortes, selbständig Ideenverbindungen in Gemälden oder Bildwerken auszusprechen. Und fallen ihnen auch hie und da Mißgriffe zur Last, nehmen ihre Bilder zuweilen die Gestalt von schwierigen, oder unlösbaren Räthseln an: wir wollen ihnen doch Achtung und Dank bewahren: sie haben das Gebiet der bildenden Künste erweitert. Wohl ist später manches Unkraut darauf gewachsen, aber wir haben doch auch mit ihm die Stanzen des Vatican und die Capelle der Mediceer gewonnen!

Daß Allegorien in der Hand minder begabter Künstler, bei einem Mißverhältniß zwischen dem Gedanken und der künstlerischen Form, leicht unerquicklich und gleichgültig werden können, zeigt uns Lorenzo Costa, der, wie es scheint gleichzeitig mit Mantegna, zwei gleichgroße Bilder für den Marchese Giov. Francesco II. von Gonzaga, den Gemahl der geistreichen Isabella (vielleicht als Hochzeitgeschenk 1490) zu malen hatte, die nun auch im Louvre sind. Der

Inhalt beider Bilder ähnelt in etwas denen von Mantegna; es ist aber nicht der Parnaß, noch der Sitz der olympischen Götter, wohin wir geführt werden, sondern — allerdings mit einigen poetischen Licenzen der Ausschmückung — der Hof Isabella's von Este. In einem weiten Garten, am Ufer eines Flusses sitzt die jugendliche Fürstin und wird von Amor, den eine Frau neben ihr auf dem Schooße hält, bekränzt. Dichter und Musiker haben einen Kreis um sie geschlossen; weiter nach vorn bekränzen zwei junge Damen einen sehr kleinen Stier und ein sehr großes Schaf, während eine ganz unbekleidete Nymphe neben ihnen mit Pfeil und Bogen das Räthsel der Gruppe verschärft. Nicht minder schwierig ist das Verständniß einer andern Gruppe, wo neben einem in einen Mantel gehüllten Jüngling in bedenklicher Annäherung ein unbekleidetes Mädchen steht. Verständlicher ist die Bedeutung des Kriegers, der einer Hyder das Haupt abschlägt. Ob die Schlacht im Hintergrunde mehr als gleichgültige Staffage ist, läßt sich nicht errathen. Sicher ist nur, daß die Darstellung durchweg ohne sprechende Motive ist, und auch Zeichnung und Malerei ohne besondere Reize sind.

Im zweiten Bilde scheint Costa, ähnlich wie Mantegna im ersten, Liebe und Musik zum Hauptthema erwählt zu haben. Links sitzt Venus und neigt sich sanft zu Amor, der in jeder Hand einen Kranz hält. Ein unbekleideter Jüngling mit zwei Fackeln im Arm hat sich vor ihr niedergelassen und schaut zu ihr empor. Ein andrer, einigermaßen bekleidet, das Haupt umkränzt, die Lyra in den Armen, steht in der Nähe und hat eine Gruppe von einem Mann, einer Frau, einem Kind und einem Greis um sich versammelt, und scheint sie zu belehren. Es könnte Orpheus sein. Hinter einem Baum sitzt im Grase ein halbbekleidetes Mädchen und spielt mit einem Fischreiher; hinter ihr gruppieren sich um einen Mann mit der Geige — soll es Apollo sein? — drei Mädchen, von denen eines eine Zither hält, ein anderes einen Bogen, das dritte aber, in Gelb und Blau gekleidet, mit der Miene des Bedauerns hinzutritt. Ganz im Vorgrund liegt schlafend im Schooße eines bekränzten Fauns ein ganz nacktes Mädchen. Weiter rechts steht die Pforte des Gartens, in Form eines Triumphbogens, durch welche Janus und Mercurius stürmen, um vier nackte Personen zu vertreiben, die wahrscheinlich Laster vorstellen. Der Garten ist mit Bäumen bepflanzt, zwischen denen noch zerstreute Gruppen, auch ferne Berge und das Meer sichtbar sind.

Es hat das Aussehn, als ob Isabella d'Este das Thema von der Liebe und ihren Anfechtungen auf die mannichfachste Weise variiert zu sehen den Wunsch gehabt. Denn aus ihrer Sammlung ist noch ein fünftes Bild in den Louvre gekommen, das sich in fast noch schwierigern Räthseln ergeht, und dabei nicht allein uninteressant, sondern vollkommen geschmacklos wird. Der Name aber seines Meisters hält uns dessenungeachtet davor fest: es ist von Pietro Perugino. Im Katalog führt es den Titel „Kampf der Amoren und der Keuschheit.“ Auf einer der Venus geweihten Wiese werden Nymphen von Liebesgöttern und Satyrn angefallen, und an ihren Haaren gepackt oder an seidenen Schnüren geschleppt. Die Keuschheit durchschneidet die Schnüre, zerbricht ihre goldnen Bogen und schlägt sie mit ihren Fackeln. In der Ferne sieht man Wasser, den Raub der Europa, die Verwandlung der Daphne, auch zärtliche Scenen in einem Schiff, desgleichen Bewaffnete, und in den Lüften den Götterboten. Das Bild ist vom J. 1505 und, wie die vorgenannten, für das Cabinet der Isabella d'Este gemalt. Perugino hielt sich zu jener Zeit in Florenz auf, und stand auf der Höhe seines Ruhmes, obwohl er bereits seine Kunst zum handwerksmäßigen Betrieb gemacht, und wenn er das religiöse Gebiet verließ, charakter- und geschmacklos wurde wie in vorliegender Allegorie, die obendrein äußerst nachlässig in Zeichnung und Ausführung ist. Wie muß Italien frisch aufgeathmet haben, als es neben ihm in Florenz die beiden Wettkämpfer Leonardo und Michel Angelo auftreten, und wie erst, als es den „beglückten Knaben“ von Urbino aus seiner Werkstatt hervorgehen sah!

Aber auch noch zu andern Betrachtungen führen uns diese Bilder Perugino's, Costa's und Mantegna's, wenn wir an die Stelle denken, für welche sie geschaffen wurden. Sind sie nicht ein Spiegelbild der moralischen und ästhetischen Anschauungen jener Zeit an den Höfen von Mantua und Ferrara? Wo sind da noch die Spuren christlicher Weltansicht, christlicher Kunst, christlicher Poesie? Mehr noch: begnügt man sich nicht mit einem sehr dünnen Aufguß mythologischen Kräuterthees, ohne zu merken, daß man die widersprechendsten Ingredienzen in den Kessel gethan? Und wie unklar sind die Begriffe vom Sittlich-Guten und Schicklichen, so daß es sich kaum unterscheidet vom Laster. Nur Mantegna's außerordentliches Talent läßt vergessen, daß er nicht den richtigen Gebrauch davon gemacht.

Im Louvre sehen wir noch ein anderes, und zwar ein sehr bedeutendes Werk dieses großen Meisters, das s. g. Siegesbild. Er hat es 1495 für den Herzog Giov. Francesco di Gonzaga von Mantua und zwar für S. Maria della Vittoria in Mantua gemalt; ein Umstand, der wahrscheinlich die Veranlassung gegeben zu dem Namen des „Siegesbildes.“ Denn

Vasari's Angabe, daß Mantegna es gemalt habe zum Gedächtniß des 1495 von Giov. Francesco über die Franzosen errungenen Sieges bei Fornovo, entbehrt aller Begründung, da diese Schlacht gerade sehr unglücklich für den Herzog ausgefallen und zu einer gänzlichen Niederlage für ihn geworden. Auf dem Bilde sehen wir Maria mit dem heil. Kinde auf dem Thron, der mit buntem Marmor ausgelegt und mit goldnen Reliefs geschmückt, außerdem mit Kränzen und Festons umgeben ist. St. Michael von der einen, St. Mauritius von der andern Seite halten den Mantel der Jungfrau; hinter ihnen stehen die heiligen Andreas und Longinus. Auch Elisabeth mit dem kleinen, gezierten Johannes," haben sich zur Verehrung eingefunden, an welche sich Herzog Giov. Francesco in tiefer Andacht anschließt. Das Bild ist nicht frei von manierierten Stellungen und Sonderbarkeiten des Geschmacks — ich denke dabei an die blonde Perüque des heil. Mauritius — aber die strenge symmetrische Anordnung, die höchst bestimmte und energische Zeichnung, sowie die vollendete Ausführung verbreiten den höchsten Ernst über dies bedeutende und wohlerhaltene Gemälde.

Den ältern Venetianern ist ein etwas unbequemes Loos gefallen: noch gebunden an den strengen Styl der Ueberlieferung, arbeiten sie doch schon unter dem Einfluß des aufgehenden, der Schule nachmals vorzugsweis eigenthümlichen Naturalismus. Das gibt dann arrangierte Natürlichkeiten, wie bei der Predigt des Stephanus von Vittore Carpaccio, dessen schon im Musée Napoléon III. gedacht worden, oder phantastische und geschraubte Wirklichkeiten mitten zwischen Gestalten voll tiefer Empfindung und erhaben im Styl, wie bei der Madonna in trono mit St. Johannes und Magdalena von Cima da Conegliano: endlich auch ziemlich trockne Lebensbilder, wie die Vorstellung eines venetianischen Gesandten beim Sultan von Gentile Bellini. — Dem außerordentlichen Talent Giorgione's war es vorbehalten, unbeschädigt an dieser Klippe vorbeizuschiffen. Oder sollte doch der reine Geschmack etwas vermißt werden bei einem „ländlichen Concert," wo zwei weibliche Modelle ohne Kleider im Freien zwischen zwei bekleideten jungen Männern Musik machen?

Auffallender Weise fehlt der Name des Giovanni Bellini im Louvre; dagegen besitzt es ein Prachtbild von Palma vecchio, seit dasselbe dem Tizian genommen ist, dessen Name zweimal — „durch zweier Zeugen Hand" — in das Bild geschrieben worden. Mochte man für die leuchtende Farbenpracht des Gemäldes, für das zauberische Helldunkel keinen Meister außer Tizian groß genug gehalten, oder mochte man die Absicht gehabt haben, mit seinem Namen den Geldwerth des Werkes zu steigern — genug: der Ruhm desselben ist seinem Urheber zurückgegeben. Es ist ein Votivbild; die Stifterin kniet hinter, ein junger Hirt vor der heiligen Familie, zunächst dem Kind in der Krippe; andre Hirten sind in der Ferne sichtbar und hoch in den Lüften fast verschwindend einige Engel, durch welche das Bild zur Verkündigung der Hirten auf dem Felde wird.

Ein andrer Schüler Giov. Bellini's, Sebastiano del Piombo wird so selten in Galerien angetroffen, daß ein beglaubigtes Bild, wie der Besuch bei Elisabeth (239) schon Beachtung verdient, wenn es auch unter den Unbilden der Zeit und des Unverstandes viel gelitten hat. Strenge und Schönheit der Zeichnung darf man zwar hier nicht suchen, so wenig als Tiefe des Ausdrucks, aber seinen Ruhm als Colorist bewährt Fra Sebastiano auch in diesem mit vollendeter Haltung durchgeführten Bilde. —

Von einem dritten Schüler Bellini's, vom großen Tizian führt der Katalog 18 Gemälde, darunter mehre von höchstem Werthe auf. Die meisten stammen aus der Sammlung Ludwig's XIV nur eins aus der von Franz I., und zwar ist es des Königs Bildniß. Dieses Bildniß macht den Kunstgelehrten nicht nur wegen seiner Schönheit, sondern wegen der Dunkelheit seiner Geschichte viel zu schaffen. Nach diesem Bildniß war der König, als es gemalt wurde, etwa 36 Jahre alt. So mußte es um 1530 entstanden sein. Aber um diese Zeit war Tizian nicht in Frankreich, der König nicht in Italien, Beide auch nicht zugleich an einem dritten Orte. Die Angaben Vasari's über das Bild stimmen nicht, da es danach entweder 1515 in Bologna gemalt worden sein müßte, wo der König 21 Jahr alt war, oder 1521—23, nachdem Tizian das Bildniß des Dogen Grimani gefertigt. Dennoch stammt das Bildniß aus der Sammlung des Königs selbst, so daß eine Fälschung nicht denkbar ist. Man hat nun den Ausweg gefunden, anzunehmen, Tizian habe das Bild nach einer Medaille gemalt, was bei des Meisters Talent nicht geradezu verneint, aber doch nicht ohne genaue Vergleichung mit der Medaille angenommen werden kann. — Die heiligen Geschichten von Tizian im Louvre gehören nicht zu den Musterbildern kirchlich-religiöser Kunst; die meisten aber von ihnen, namentlich die Dornenkrönung (464), eine heilige Familie in der Landschaft (459) zeichnen sich durch ihr Farbenbouquet, und eine wunderbar harmonische Haltung aus. — Unter den Tizian'schen Gemälden, die aus der Sammlung Carl's I. von England herrühren, war das berühmte Meisterwerk des Colorits, die Venus des Pardo, oder wie es nun heißt „Jupiter und Antiope." Gemalt für König Philipp II. von Spanien, ward es von König Philipp IV dem König Carl I. von England zum Geschenk gemacht. Cromwell ließ es nach der Hinrichtung des Königs in Paris verkaufen. So kam es in die Hände Mazarin's, von dessen Erben es Ludwig XIV. kaufte. Eine Waldnymphe (Antiope, liegt schlafend im Schatten eines Baumes; ein Satyr (Jupiter) naht sich ihr und zieht noch den letzten Rest eines Schleiers von ihr, der ihre Reize verhüllte; Amor sendet dem lüsternen Waldgott einen Pfeil ins Herz. — Unter den Bildnißbildern sind noch zwei, die ein besonderes Interesse erregen durch die verschiedenartige Auslegung, die sie erfahren haben. Der Marchese Alfonso d'Avalos, Feldherr Carl's V., hat neben sich ein junges, schönes, halbentblößtes Weib, auf deren Busen er die Hand legt. Amor schleppt ein Bündel Pfeile herbei; ein myrtenbekränztes Mädchen bezeugt ihre Ehrfurcht, ein andres bringt Blumen herbei. Die Ausleger streiten sich darum, ob das Weib die Gattin des Marchese (Maria von Aragonien) oder seine Maitresse sei? fragen aber nicht danach, ob die stolze Spanierin auf die Ehre dieser von Tizian gewählten Stellung Anspruch machen würde? — Mit einem zweiten Bilde hat es eine ähnliche Bewandtniß: ein Mann reicht einem halbentkleideten Weibe zwei Spiegel; es gilt für das Bildniß „Tizians und seiner Maitresse.“ Für diese Benennung gibt es gar keinen Anhaltpunkt. Ticozzi dagegen hat aus Vergleichung mit anerkannten Bildnissen und Medaillen darin Alfonso I. von Ferrara erkannt und Laura de' Dianti (früher Geliebte, dann nach dem Tode der Lucrezia Borgia, seiner ersten Gemahlin), seine Gattin unter dem Namen Eustochia.

Die Erfahrung, daß dem Maler über der Lust an Nebendingen die Hauptsache aus den Augen kommt und daß er über den Mitteln der Kunst ihren Zweck und Gegenstand vergißt, tritt uns in den beiden großen Bildern Paolo Veronese's entgegen, die zu den Hauptschätzen des Louvre gehören. Welche Farbenpracht, ja welch' ein Farbenkunststück in dieser Hochzeit zu Cana! Kaum merkt man es, daß vier bis fünf verschiedene Blau neben einander stehen. Aber man merkt auch nicht, daß hier eine evangelische Geschichte erzählt wird: es ist ein großes Eß- und Trinkgelag, mit endlosem Aufwand von reichen Kleidern, kostbaren Gefäßen, vielen Gästen, prachtvoller Localität, Speisen und Getränken im Ueberfluß. Christum findet man aus der Menge kaum heraus, und daß er ein Wunder verrichtet, scheint nicht einmal seine Nachbarin zu bemerken, die sich gemüthlich in den Zähnen stochert! — Ganz in gleicher Weise hat Paolo die Scene in Emmaus zu einer Pracht-Demonstration mit Gasterei und Dienerschaft benutzt, wobei nur die Ekstase Christi einen ungelösten Gegensatz bildet, auf die, außer den beiden gespreizten Jüngern, Niemand achtet. Dafür aber ist das Bild in Farben, und vor allem in ein Helldunkel getaucht, das Correggio's Neid erregen könnte. — Doch freilich Correggio selbst hat dafür gesorgt, daß er im Louvre einen Nebenbuhler nicht zu fürchten hat. Die Vermählung der heil. Katharina ist von je als ein Wunder des Colorits, des Farbenschmelzes und Lichtfarbenreizes so wie der höchsten Lieblichkeit angestaunt und mit Entzücken betrachtet worden. Man hat darüber die seltsame Verschlingung der Finger von Katharina, Maria und dem Kind, das unerklärliche süße Lächeln des heil. Sebastian übersehen, aber noch mehr das humoristische Motiv der Darstellung, daß sich das Christkind noch überlegt, ob es die Verbindung eingehen soll, und erst von der Mutter Hand bestimmt wird, den Ring an den Finger Katharinens zu stecken. Das Bild hat eine lange Reise gemacht bis zu seiner jetzigen Stelle. Es war ursprünglich Eigenthum des Dr. Grilenzoni, des Freundes von Correggio. Von Grilenzoni erhielt es die Gräfin S. Fiora; im J. 1614 besaß es der Cardinal Sforza in Rom, um 1650 der Cardinal Ant. Barberini, von welchem es Cardinal Mazarin erwarb. Von dessen Erben kaufte es Ludwig XIV. Aus derselben Sammlung erwarb Ludwig XIV. das zweite Gemälde Correggio's im Louvre, den „Traum der Antiope," das wesentlich dasselbe Thema behandelt, wie das vorhin genannte Bild von Tizian. Ursprünglich für Herzog Friedrich II.. von Mantua gemalt, kam es mit dessen ganzer Galerie in Besitz König Carl's I. von England, und von da an den Cardinal Mazarin. Es gehört zu jenen Gemälden Correggio's, in denen das wiederauflebende Heidenthum einen verklärten Ausdruck gefunden. Das zum höchsten Sinnengenuß gesteigerte Entzücken an der Schönheit würde vom gemeinen Naturalismus zur Widerlichkeit verzerrt worden sein; Correggio hob es durch sein ideales Colorit in die Höhe antiker Sculptur und umgab es durch sein Helldunkel mit poetischem Zauber.

Wenden wir uns von dem Meister der vollsten Heiterkeit zum Meister des tiefsten Ernstes, zu Leonardo da Vinci! Wenn Correggio zuerst unsre Sinne besticht, damit wir tiefer eindringen in sein Werk, so haben wir bei Leonardo den ersten Eindruck zu überwinden, wenn wir den Werth seiner Arbeiten erkennen wollen. Abstoßend wirkt die Leblosigkeit des Colorits, die Undurchsichtigkeit der Schatten, die Uebermodellierung der Formen, selbst die monotone Süßigkeit des Ausdrucks. Dies gilt vom Täufer Johannes (480), in dem

Niemand den strengen Bußprediger erkennen wird; von Großmutter Anna, Mutter Maria auf ihrem Schooß und dem Jesuskind mit einem Lamm, jener vielfach wiederholten, unangenehm verschränkten Composition; mehr noch von der „Vierge aux rochers“, von der es mir freilich — seit ich das gleiche Bild in der Sammlung des Grafen Suffolk in England gesehen — sehr zweifelhaft geworden, ob das Original im Louvre sei? Unangenehm verschränkt nannte ich die Composition des zweiten Bildes. In der That ist es auch auf den ersten Anblick nicht klar, welcher der beiden Frauen die sichtbaren zwei Arme, drei Füße und vier Knie angehören. Dazu kommt, daß die Silhouette gänzlich unbelebt ist, daß auch nicht Ein Glied aus der Masse vortritt und selbst der Kopf der Madonna in ihr verschwindet. Versenkt man sich aber in die Einzelnheiten, in die Lieblichkeit und den Liebereichthum der Physiognomien, in den gediegenen Fleiß der Zeichnung, der sich — wie auf einem altflandrischen Bilde — auf Blumen und Gräser, Gestein und Gewässer erstreckt, so empfindet man die Gegenwart des Genius, der von seiner und jeder Zeit bewundert worden. Nicht uninteressant ist die Entstehungsgeschichte des Bildes, das durch den Cardinal Richelieu nach der Einnahme von Casale 1629 nach Frankreich und nach dessen Tode in die Sammlung des Königs Ludwig XIV. gekommen. Ein altes Madonnenbild nehmlich in S. Celso zu Mailand ward am 30. Dec. 1485 von einem so ungewöhnlichen und unerklärlichen Glanz umflossen, daß man es für ein Mirakelbild erklärte, Wallfahrten zu ihm anordnete und der Verehrung desselben von Jahr zu Jahr größere Dimensionen gab. Da Vinci erhielt nun, wie Rio, l'art chrétien III. p. 104 erzählt, den Auftrag, für die Kirche San Celso eine heilige Familie zu malen, und für die Madonna sich an den Typus des Mirakelbildes zu halten. Sein Bild, bald durch eine Copie von Salaino ersetzt, kam — nach der Mittheilung von Paolo Giovio, einem Zeitgenossen Da Vinci's, — in die Hände von König Franz I. von Frankreich. Wie es aber von da nach Casale gekommen — davon schweigt die Geschichte, und es ist kein Wunder, wenn es Leute gibt, die im jetzigen Louvre-Bilde das von dem König Franz angekaufte nicht erkennen wollen. — Nun bewahrt aber der Louvre zwei Bildnisse, bei denen keinerlei Zweifel aufkommen kann, daß Leonardo sie gemalt. Beide sind höchst individuell in der Auffassung, fein im Formgefühl und vollendet in der fleißigsten Ausführung. Das eine (483) hat — wohl mit Unrecht — den Namen der „Féronnière“ erhalten, jener Geliebten des Königs Franz, die seinen Tod durch Ansteckung verschuldet hat.

Es ist Lucrezia Crivelli, jene schöne und bevorzugte Nebenbuhlerin der Gemahlin von Lodovico il Moro, Beatrice, 1497 zu Mailand gemalt. Zeichnung und Ausdruck voll unmittelbaren Lebens, fein in den Contouren, sehr vollendet und doch breit gehalten in der Modellierung, sehr warm im Colorit, doch ohne Gegensätze und sehr dunkel, ja sogar undurchsichtig in den Schatten; von äußerster Vollendung im Gewand, sowie dessen Schleifen und Verzierungen. — Noch vollendeter und geradezu unvergleichlich erscheint das Bildniß der Mona Lisa, der Gemahlin des Francesco del Giocondo zu Florenz, um 1503—1507 gemalt. Vier Jahre, sagt Vasari, arbeitete Leonardo an diesem Bildniß, ohne es ganz vollenden zu können. Betrachten wir indeß seine bis zur feinsten Modellierung gesteigerte Ausführung, die Lebendigkeit der Züge und des Ausdrucks und die zarte Verschmelzung aller Töne, so weiß man nicht, was unvollendet geblieben sein soll, wenn nicht die Farbe des Gesichts, der die warmen Lasuren fehlen, die es in Uebereinstimmung mit den Händen gebracht haben würden. Leonardo hat dies Bild und den Carton zur heil. Familie mit der Anna nach Paris mitgebracht, als er dem Rufe des Königs Franz 1516 dahin gefolgt und es diesem für 12000 Liv. verkauft.

Die Schule Leonardo's ist ziemlich gut vertreten

durch eine heilige Familie und eine Madonna mit dem schlafenden Kinde, zwei schönen und lieblichen Bildern von Luini, durch das Votivbild der Familie Casio von Beltraffio, ein zwar mangelhaft componiertes und motiviertes, aber sehr ernst und streng ausgeführtes Gemälde; durch eine Kreuzigung von Andrea di Milano 1503, in welcher Erinnerungen an Mantegna sich vermischen mit Lehren Leonardo's; durch eine Madonna, die das Kind tränkt, von Andrea Solari, ein Gemälde, bei welchem die Innigkeit der Mutterliebe mit dem dankbaren Aufblick des Kindes um den Vorrang streiten; und durch eine heilige Familie von Marco d'Oggione. — Elemente der lombardischen, venetianischen und römischen Schule vereinigen sich in einem Gemälde der vier Kirchenväter von Pier-Francesco Sacchi aus Pavia, vom J. 1516, das sich durch breite Massen und große Strenge des Styls, tiefe Farbe, individuelle Formen ohne Naturalismus und eine durch und durch ernste Stimmung auszeichnet. — Neben diesem Bilde hängt ein Christus am Kreuz von Franc. Francia, ohne im Katalog aufgeführt zu sein. Neben dem Kreuz stehen, wie üblich, Maria und Johannes, aber unter ihm liegt ein nackter, gekrönter Mann, auf den sich die Schrift, auf einem ums Kreuz gewickelten Bande: „Maiora sustinuit ipse“ zu beziehen scheint. Wer ist der König, der aller Habe entblößt, die größere Macht des Kreuzes stützt? In ältern Darstellungen wird das Heidenthum in ähnliche Beziehung zum Kreuzestode Christi gesetzt; und es könnte auch hier gemeint sein, wenigstens eher, als das Judenthum, das meines Wissens immer nur durch eine weibliche Gestalt dargestellt wird. — Inzwischen ist Francia's Name jetzt zu einem Bildniß (318) geschrieben, das nach einander die Namen Raphael's, Giorgione's und Sebastian's del Piombo getragen und einer der werthvollsten Schätze des Louvre, ein Bildniß ersten Ranges ist. Es ist ein in Schwarz gekleideter Mann, den man früher, freilich ohne sichere Anhaltepunkte, für Marc Anton, oder auch für Domenico Alfani gehalten. Hier ist vollkommene Durchdringung der Wirklichkeit und der geistigen Auffassung bei ganz vollendeter Freiheit der Ausführung, für welche allerdings kein zweites Beispiel von Francia vorliegen dürfte.

Wir nehmen den Weg zu Raphael durch die umbrische Schule, und bleiben vor P. Perugino stehen, der in seiner Stärke, wie in seinen Schwächen hier zu erkennen ist. Es ist, wie ich schon früher bemerkte, eine Art kunsthistorischen Glaubenssatzes, daß sich die umbrische Schule durch eine tiefe, religiöse Schwärmerei auszeichne, daß sie daraus die Seelenhaftigkeit ihres Ausdrucks, die Gluth ihres Colorits und die

Kraft der ernsten und harmonischen Haltung ihrer Bilder geschöpft. Ich kann mich zu diesem Glaubensartikel nicht bekennen. Mir scheint die Seele der umbrischen Schule in dem Bestreben nach der höchsten Schönheit sich kund zu thun. Schönheit der Formen und Züge, der Stellungen und Bewegungen, Schönheit des Ausdrucks, der Anordnung im Ganzen, wie im Einzelnen bis auf Bänder und Schleifen — Schönheit um jeden Preis! das ist ihr Losungswort. Treten wir vor Perugino's Madonna mit dem Kind und den anbetenden Heiligen und Engeln — welche Anmuth! welche Schönheit! welche Unschuld und Seelenreinheit! Man glaubt in den Himmel selbst, in seine leuchtenden Sterne zu sehen. Ja, in die Sterne, die sich für unser Auge auch nur durch ihre verschiedene Größe und — vielleicht — Farbe unterscheiden. Derselbe Kopf mit denselben Zügen und demselben seligen Ausdruck beim Kind, bei der Mutter, bei den Heiligen, bei den Engeln! Immer dieselbe Stellung der eingeknickten Knie, der zusammengelegten Hände, des seitwärts geneigten Hauptes! — Man sieht, wie dies Bestreben nach Schönheit, wenn es nicht von reicher Phantasie getragen, von der Kraft der Charakteristik gestützt wird, zur Eintönigkeit, zu conventionellen Wiederholungen und zuletzt zur Handwerksmäßigkeit führen muß; wie ein Gebet, und wär es das Vater Unser, in vorschriftmäßigem Ton und Takt hergesagt, zuletzt zur gehaltlosen Phrase, wenigstens zur gedankenlosen Gewohnheit werden muß. Das Bild stammt aus der Sammlung des Königs von Holland und ist 1850 mit 53,302 Frcs. bezahlt worden. — Noch zwei Gemälde Perugino's von fast gleicher Schönheit besitzt der Louvre: 443. Madonna mit dem Kind, St. Joseph und Katharina, davon eine Wiederholung im Belvedere zu Wien; und 441. Die Geburt Christi, mit Anbetung von Engeln, Hirten und Königen, ein Bild, das mit geringen Abänderungen im Vatican wiederkehrt. —

Von den vielen Gemälden aus Perugino's Schule, die denselben Typus mit unbedeutenden Variationen wiederholen, erwähne ich nur die heilige Conversation (37) von Andrea l'Ingegno (wenn die Benennung richtig ist!). Maria sitzt auf dem Thron und stellt das Kind zur Verehrung dar; zwei Märtyrer knieen vor ihm, St. Joseph und Johannes stehen zu beiden Seiten; Engel halten den Baldachin, vier Engelkinder erscheinen in Wolken darüber. Das Bild ist wie nach der strengsten Schulvorschrift gedacht, angeordnet, gezeichnet und ausgeführt. Da stehen die perugineskeu Engel mit gespreizten Beinen und den hosenartig anliegenden Gewändern, da steht Joseph mit dem zierlichsten Shawl angethan; alle Stellungen und Bewegungen sind gewählt nach der Uebung künstlicher Schwärmerei. Aber auch die tiefe, harmonische Färbung und die Schönheit der Form sind — wie der Schule, so — dem Bilde eigen.

Aus dieser Schule ist die Belle Jardinière hervorgegangen! Auf den ersten Blick ist es kaum denkbar. Im Louvre kann man den Weg nicht verfolgen, den Raphael bis zu jenem göttlichen Bilde zurückgelegt, und so wollen wir uns an das halten, was wir hier haben! Zwölf Bilder im Louvre tragen — mit vollem Recht nicht alle — den Namen Raphael's. Dafür trägt das eine der schönen Gärtnerin den schönsten Blüthenstrauß dieses hochbeglückten Genius. Auch hier Schönheit, höchste Schönheit, aber nicht um jeden Preis! Hier ist zugleich dem Leben und seiner mannichfachen Offenbarung genug gethan; hier ist die Seele des Künstlers, nicht die Vorschrift des Meisters, welche Form, Haltung und Bewegung gibt, und die Offenbarung der Natur ist an die Stelle der Traditionen der Schule getreten. Wäre ein Mensch möglich, dessen Herz und Sinne verschlossen sein könnten für die Kunst — vor diesem Bilde sprängen alle Riegel, und weit öffneten sich die Pforten seiner Seele! Anmuth und heiliger Liebreiz, zaubervolle Schönheit und beseligender Frieden haben dies Bild gewoben, das allein hinreichen würde, Ungläubige zu versöhnen mit der heiligen Sage und mit dem daraus hervorgegangenen Marienultus. Das Bild hat Raphael mit seinem Namen und der Jahrzahl 1507 gezeichnet, woraus deutlich hervorgeht, daß es nicht das Bild sein kann, das er unvollendet bei seiner Abreise aus Florenz nach Rom 1508 in Ghirlandajo's Händen zurückgelassen haben soll. Doch nennt Vasari kein anderes, das man für die Belle Jardinière halten könnte. Es war bereits in der Sammlung Königs Franz I. — Zwei andere Bilder derselben Sammlung haben eine sagenhafte Geschichte zu bestehen gehabt, die erst neuer Zeit der Wahrheit hat weichen müssen. Man erzählte sich, Raphael habe den heil. Michael für König Franz gemalt und so große Bezahlung erhalten, daß er ihm dafür ein zweites Gemälde, die Madonna mit den Blumen streuenden Engeln, zum Geschenk gemacht. Von alledem nichts. Aus den in Gaye's Carteggio veröffentlichten Briefen Gero Gheri's geht unwiderleglich hervor, daß Raphael beide Bilder gleichzeitig (1518) für Lorenzo de' Medici, Herzog von Urbino, damals in Frankreich, gemalt und dahin abgeschickt habe. Wahrscheinlich von diesem sind sie an Franz I. gekommen. — In dessen Sammlung war auch bereits die heil. Margaretha, die inzwischen nur von Raphael gezeichnet, aber von Giulio Romano ausgeführt worden. Das Bild ist so oft und so schlecht restaurirt worden, daß man von seinem ursprünglichen Zustand wenig mehr erkennen kann. — Dagegen sind zwei Bildnisse von der Hand Raphael's im Louvre, von denen es sehr schwer ist, die Augen wegzuwenden, wenn sie einmal dahin gesehen, und auch das dritte weiß zu fesseln. Johanna's von Arragonien seine aber ziemlich geistlose Schönheit hat Raphael in ein brillantes Bild gefaßt, bei welchem Giulio Romano Gewand und Nebensachen trefflich gemalt und das wahrscheinlich Giulio von Medici an Franz I. geschenkt hat. Sehr viel schöner und interessanter ist das Bildniß eines jungen Mannes von 16—17 Jahren, der seinen blonden mit einem schwarzen Barret bedeckten Kopf auf die Hand stützt und wie über eine Fensterbrüstung uns ansieht. Fast noch gedankenloser mußte man sein, es für Raphael's Bildniß zu halten, als man war, da man im Bindo Altoviti in München Raphael erkannt haben wollte. Beide Bildnisse fallen in die Zeit, da Raphael mindestens 33 Jahre zählte und mehr. Aus derselben Zeit ist auch das Bildniß des Balthasar Castiglione, des liebenswürdigen und geistreichen Dichters und Verfassers des „Corteggiano"; aus der Sammlung des Herzogs von Mantua in den Besitz Carl's I. von England, von da durch Zwischenhände in die des Cardinals Mazarin übergegangen, von dessen Erben es Ludwig XIV er=

worben. Ursprünglich war es für den Grafen oder seine Gattin selbst gemalt; denn wir besitzen von ihm ein Gedicht, das er seiner Frau wie einen Brief an ihn in den Mund, oder in die Feder legt, und das zugleich das schönste Urtheil über das Bild enthält. Es heißt in deutscher Uebersetzung:

Einzig das Bild von Raphael's Hand, das die Züge von Dir mir
  Wieder vors Auge gestellt, nimmt mir die Sorgen hinweg.
Diesem leb' ich zur Lust, und mit ihm lach' ich und scherz' ich,
  Zu ihm sprech' ich; es gibt stets mir die Antwort zurück;
Bald zustimmend mit freundlichem Nicken, so scheint es, als woll' es
  Sagen mir irgend etwas, oder als hört' ich Dich selbst.
Und es erkennt Dein Kind Dich und grüßt süß lächelnd den Vater.
  Aber mich tröstet es sanft, täuscht mir die Trennung hinweg.

XIII.

Paris: Père Lachaise.

Aber auch im Anblick des Schönsten können die Augen müde werden und der Mensch sehnt sich selbst von den Schöpfungen Raphael's nach freier Luft und Sonnenschein, oder auch nur nach einem Wechsel der äußern Eindrücke. Wir stiegen die breite Treppe des Louvre hinunter und gingen über den Platz Napoleon's III., zwischen den umhegten Gartenanlagen (von 1856) und über den Caroussel-Platz, dem Ludwig XIV durch ein angeordnetes Ritterspiel seinen Namen gegeben; durch den Triumphbogen von 1806, der zu Ehren unsrer Niederlagen errichtet worden, und auf dem noch immer Napoleon's Sieges-Einzug in München und in Wien, doch aber nicht mehr die goldnen Rosse von San Marco zu sehen sind, die einst der glückliche Eroberer von Venedig auf die Plateform dieses dem Septimius-Bogen in Rom nachgebildeten Siegesthores geführt; und nun durch die Tuilerien hinaus in den Garten voll blühender Rosen und spielender Kinder, und im Gras hüpfender Vögel und in den Brunnenbecken schwimmender Fische, und in die Lust des wirklichen Lebens.

Es ist indeß noch lang bis zum Diner und „Nütze den Tag!“ ist eine der ersten Reiseregeln, namentlich in einer großen und an Sehenswürdigkeiten reichen Stadt. Der Himmel war sonnig, die Luft nicht heiß; wir setzten uns in einen Wagen und fuhren die Rue Rivoli, St. Antoine entlang über den Boulevart St. Eugène, vorüber dem Schreckensort der zum Tode Verurtheilten in der Rue de la Roquette zur Heimath der Todten, dem Friedhof des Père Lachaise. Wer den Gottesacker von Neapel kennt und öfter durch seine Gassen gewandelt, wer von seiner Höhe über Blumenbeete und Grabtempel hinab auf die weite rings um den Golf gelagerte Stadt geschaut, auf den rauchenden Vesuv und den erhabenen Monte Sant Angelo und die in Licht schimmernden Städte zu beider Füßen, auf das glänzende Meer und die in Duft schwimmenden Inseln — der glaubt nicht, daß es einen schönern Ruheplatz auf Erden gäbe für die Schlafenden in ihr: und doch gibt es einen schönern, das Gemüth tiefer ergreifenden, poetischer stimmenden: — den Todtengarten von Paris! Wie oft man auch eingetreten in diesen heiligen schattenreichen Hain — immer neu, immer ergreifend ist der Eindruck! Und nicht die Phantasie ist es allein, die bewegt wird durch die großen Namen der Vergangenheit, die die Denksteine zu Blättern machen aus dem Buche der Geschichte: — nein! ohne einen Namen zu lesen, wird man erfaßt von der Schönheit und Einzigkeit der Anlage, wie durch die Waldanhöhe hinauf, in Schluchten und Thäler hinab, zwischen Bäumen und Gebüsch die Monumente glänzen, oft vereinzelt, oft gruppiert, bald im tiefen Dunkel der Laubschatten, bald von Sonnenstrahlen gestreift, von Rosen umblüht, von Epheu umwuchert, wie die Wege in's Endlose zu führen scheinen; wie man plötzlich an einem freien Punkte steht, von wo man das unermeßliche Paris mit der fernen Hügelumgebung zu seinen Füßen hat. Welch' ein Contrast! Und doch dringt das Geräusch des lärmenden Lebens nur wie leises Gemurmel zur Stätte des ewigen Friedens und hält die Verbindung damit nur aufrecht durch die still gewordenen Menschen. Dieser Verkehr ist allerdings ziemlich lebhaft, und wir gaben es bald auf, die Ankömmlinge zu zählen, die stumm an uns vorüber getragen oder gefahren wurden.

Wir wandeln auf und ab und bleiben stehen, wo ein bekannter Name uns fest hält. Hier sehen wir an einem mächtigen Monumente die Namen Manuel's und Beranger's vereinigt, dort steht hoch auf dem seinigen Royer Collard, der freieste und einsichtvollste Bürger des Königreichs; hier schläft Molière unter Rosen und Talma träumt seine Heldenrollen; bald werden wir durch die kriegerischen Namen aus der Napoleonischen Zeit an unsre Leiden gemahnt; bald durch einen Namen wie Casimir Perrier an den — leider! vergeblichen Versuch einer constitutionellen Regierung in Frankreich. Aber wozu Namen nennen, wenn man nicht ein Bild der Stelle, wo sie stehen, hinzufügen und die Geschichte ihrer Träger erzählen will? Nur an Einem Grabe wollen wir etwas weilen, und von ihm in die Gegenwart blicken. Wie in Verona von Touristen vor Allem das Grab von Romeo und Giulia aufgesucht wird, ohne daß sie um dessen Berechtigung die Geschichte befragen — genug, daß sie die Schwelle zu betreten meinen, über die eine unsterbliche Liebe in den Tod gegangen, wird auf Père Lachaise von der gefühlvollen Welt zuerst das Grab aufgesucht, in welchem die irdischen Ueberreste der vielbesungenen und beklagten Liebenden, Abälard und Heloise, die das Leben mit grausamer Härte getrennt, in ewiger Vereinigung ruhen. Aus der öden Abtei Paraclet bei Nogent, die er gegründet, und in die er, nachdem er daraus vertrieben worden und Heloise an seine Stelle getreten, erst mit auf ewig verschlossenen Lippen zurückgekehrt, um mit der Geliebten, sobald auch ihre Laufbahn beendet, wieder vereinigt zu werden, — war das

Grabmal Beider 1808 in die Sammlung historischer Denkmäler nach Paris, dann 1817 in eine besondere Capelle zu Monnancy gebracht, 1828 aber an seiner jetzigen Stelle auf Père Lachaise aufgestellt worden. Inzwischen nicht an seine Liebe, die ihm die Kirche gewiß vergeben, ja wohl gestattet haben würde, — an seine Lehren, die ihm zur Quelle seines Unglücks geworden, mahnte das Grabmal mich und lenkte meinen Blick auf die Gegenwart und auf den Wandel und Umschwung der Zeiten. Mußte Abälard nicht aus dem Kloster St. Denys bei Paris vor der Wuth der Mönche sich flüchten, weil er entdeckt hatte, daß der Heilige ihres Klosters nicht Dionysius Areopagita war? Wurde er nicht als Ketzer verdammt, weil er lehrte: „die völlige Gewalt sei bei Gott dem Vater; nur einige bei dem Sohn, keine bei dem heil. Geist, den er als die Seele der Welt bezeichnete; Christus sei nicht in's Fleisch gekommen, um die Welt zu erlösen; denn das habe Gott durch seine Allmacht allein bewirken können; der Mensch könne aus eigner Kraft gut handeln u. dgl. m." Welches Loos wäre wohl in solcher Zeit dem romantischen Renan gefallen, oder gar dem unbarmherzig scharfsichtigen Schenkel?

XIV

Neuere französische Malereien. Hôtel Cluny.

Es lag weder im Plan meiner Reise, noch kann es hier meine Absicht sein, den Leistungen der französischen Kunst besondere Aufmerksamkeit zu schenken. Was bietet allein das Palais Luxembourg für reichhaltige Schätze! Was ist alles im Louvre, — was gar in Versailles zu sehen! der Gemälde in der Deputirten-Kammer, des Hémicycle Delaroche's und andrer Dinge nicht zu gedenken. Und doch kann ich nicht ganz stumm bei ihnen bleiben, um so weniger, als in Paris aus den Händen französischer Künstler Werke hervorgegangen sind, die einen lebhaften Gegensatz zu dem bilden, was wir uns in der Regel unter französischer Schule denken. Diese Werke sind in den Kirchen aufzusuchen und wir waren so glücklich, unsre Rundfahrt unter der kenntnißvollen Leitung unsres verehrten Freundes, des Architekten Hittorf, zu machen.

In Paris ist die Mauermalerei nicht, wie etwa in Belgien, erst neuerdings wieder in Aufnahme gekommen. Die Kuppel des Pantheons, die großen Lunetten in der Ste. Madeleine und vieles andere sind schon vor vielen Jahren gemalt; aber in einem neuen Geiste, im Styl der monumentalen Malerei der älteren italienischen und neuen deutschen Kunst, Wandgemälde auszuführen, war einer spätern Zeit, so zu sagen der Gegenwart vorbehalten. Und in der That, bei einigen dieser Arbeiten ist man im Zweifel, ob dabei nicht Deutsche ihre Hände im Spiele gehabt!

Zu den bedeutendsten Werken dieser Richtung gehören die Malereien von Picot und von Flandrin in der Kirche St. Vincent de Paule. Erstrer hat in der Chornische Christus in Wolken von Engeln und Heiligen umgeben, darunter den Titelheiligen inmitten einer Kinderschaar, und darunter die sieben Sacramente in Bildern aus dem Leben dargestellt; soll ich's näher bezeichnen: ungefähr in der Weise von H. Heß in München. An den Wänden des Mittelschiffs hat Flandrin den Zug der Heiligen, der Märtyrer, der heil. Jungfrauen, Ordensstifter ꝛc. nach dem Paradiese gemalt, in einer Strenge des Styls, die theils an den Panathenäenzug am Parthenon, theils an byzantinische Elfenbeinschnitzwerke erinnert. Man sieht, daß Flandrin mit Entschiedenheit und Gewalt sich getrennt hat von den Traditionen der französischen Kunst und ihrer theatralischen Darstellweise und begreift das Ueberspringen in ein Extrem, bei welchem er unmöglich beharren konnte, wenn ein wirklich schöpferischer Kunstsinn ihn beseelte. — So zeigt er sich auch viel freier und lebenswahrer in den Wandgemälden der Johannes-Capelle in St. Severin, in denen er die Berufung der Apostel, das Abendmahl, Johannes auf Patmos und sein Martyrium dargestellt. Bei aller Strenge und Mäßigung geht er doch über die blos rituale Haltung und feierliche Anordnung hinaus. Schade, daß gerade das schönste dieser Bilder, das Abendmahl, sich gänzlich abblättert! Die Franzosen bedienen sich des Wachses zu ihren Wandgemälden, und ist der Grund nicht vollkommen gesichert gegen Feuchtigkeit, so wird das Gemälde nach und nach, da sie durch Wachs keinen Ausweg findet, abgesprengt. — In dieser Kirche haben noch mehre französische Maler in ähnlicher Weise des strengen Kirchenstyls gemalt. Al. Hesse die Geschichte der heil. Genofeva; Seb. Cornu die Capelle des heil. Severin; J. L. Gérome die Communion des heil. Hieronymus; Letoir (?) den Tod des heil. Ludwig; Jobbé Duval die Capelle des heil. Carlo Borommeo. Es nehmen sich diese Capellen mit ihren einigermaßen alterthümlichen Bildern ganz passend und gut aus neben der Capelle Johannis des Täufers, deren Wandgemälde (Predigt Johannis und der Stammbaum Jesse) aus dem 15. Jahrhundert stammen und ganz im Styl der van Eyk'schen Schule ausgeführt sind. —

Nicht minder ansprechend und doch anspruchlos sind die Malereien und Bildnereien in der Kirche Ste. Clotilde, das Leben der heil. Jungfrau, das Leben Christi, mit besonders naiven Scenen aus der Zimmermanns-Werkstatt, die Kreuzauffindung; dazu die Reliefs aus dem Leben des heil. Valerius und der heil. Clotilde an der Chorwand, und die Stationen an den Seitenwänden. — Ebenso ist die Kirche St. Germain l'Auxerrois mit Wandgemälden geschmückt, die von den gleichen Bestrebungen gültige Zeugnisse ablegen. Da begegnen wir zuerst wieder Flandrin, der hier Geburt, Tod und Himmelfahrt Christi und zwar so licht, zart und ausdrucksvoll gemalt hat, daß man die bevorzugte Stellung begreift, die ihm seine Verehrer eingeräumt haben. Auch Couder mit seiner Krönung Mariä in einer Nebencapelle folgt mit Glück altitalienischen Meistern. — Aber bald sollte unsre Achtung vor Flandrin noch bedeutend gesteigert werden! Wir fuhren nach der Kirche St. Germain de Près, die er fast ganz ausgemalt hat. Aus früherer Zeit stammen die Gemälde in der Capelle hinter dem Hochaltar: König Childebert und seine Gemahlin widmen die Kirche dem heil. Germain; dann St. Vincent und der Neubau der Kirche; darüber die christlichen Tugenden; darunter der Einzug Christi in Jerusalem. Diese Gemälde von sehr edler Zeichnung und wenig

Farbe, zeigen eine große Uebereinstimmung mit denen in St. Vincent de Paule; dagegen stehen die Bilder der Mittelschiffwände, Parallelen zwischen Altem und Neuem Testament, auf der Höhe künstlerischer Durchbildung. Klar und schön in der Anordnung, ausdrucksvoll in der Darstellung, von großer Formenreinheit und zarter, lichter Färbung, entsprechen sie mehr als alles, was ich in Paris von neuer Kunst gesehen, den Anforderungen an monumentale Malerei. Es ist sehr zu wünschen, daß diese Werke, die Flandrin's Ruhm in viel höherm Grade rechtfertigen, als die Heiligen-Procession aus St. Vincent de Paule, durch eine geschickte Hand in Kupfer gestochen werden. Oder sollten nicht Cartons vorhanden sein, die zu photographieren wären? —

Ein ihm nahe verwandter Künstler ist Orsel, der in Ste. Marie de Lorette gemalt hat. Dort sieht man in der Marien-Capelle ihren Lobgesang in vielen Bildern über und neben einander. Da ist die heil. Jungfrau verherrlicht, als „Hülfe der Schwachen", als „Trösterin der Betrübten", als „Beistand der Christen", als Zuflucht der armen Sünder" Dann in der Kuppel als Königin der Patriarchen, der Jungfrauen, der Märtyrer des Himmels. In der Capelle der Eucharistie in derselben Kirche hat Perrin das Leben und die Verherrlichung Christi gemalt. Ich erinnere mich, als ich vor 22 Jahren die Künstler an diesen Werken arbeitend fand, wie ich überrascht war, an den Wänden des Gerüstes Zeichnungen und Kupferstiche nach Giotto, Fiesole, Overbeck, Heß und Cornelius angeheftet zu sehen, „als Wegweiser und Rathgeber“ oder, wie Orsel mit Bezug auf sein Madonnenthema in liebenswürdiger Bescheidenheit sagte, als „Salus infirmorum“. Noch andere Künstler haben an der Ausmalung dieser Kirche sich betheiligt, so Picot und Hesse, wenn ich nicht irre, auch Dubois, De Juinne, Langlois, Vinchon u. A., ohne indeß von besagtem Salus viel Gebrauch zu machen. Dennoch macht das Ganze einen ernsten, monumentalen Eindruck; kommt man aber nach St. Sulpice, so wird man ganz in die Grande Opéra versetzt, sei es durch das Gebet des heil. Rochus von Abel du Pujol, oder durch den Kampf Jacob's mit dem Engel, oder den Heliodor in der Capelle der Engel von Delacroix.

Ich will aber meinen Gang durch die neue französische Kunst nicht mit einer Dissonanz schließen; ich will vielmehr noch an einen jungen Künstler erinnern, der das Altargemälde in St. Eugène, dem von der Kaiserin Eugenie gegründeten Töchter-Waisenhaus, und die Kaiserin selbst unter den in Schutz genommenen Kindern darauf gemalt: er heißt Barias und dürfte, verfolgend die betretene Bahn, erfreuliche Ziele erreichen.

Noch ist der Tag nicht zu Ende; lieblich scheint die Sonne; sollte Paris nicht noch ein grünes, schattiges Plätzchen haben, wo man noch einen neuen Eindruck gewinnen könnte? O ja! ich kenne ein solches Plätzchen und mache zum zweiten Male Gebrauch von meinem Paß, mit dem ich mich als Fremder und somit als berechtigt ausweise, an einem nicht öffentlichen Tage das Hôtel Cluny zu besuchen. Ueberreste alter Römer-Thermen in Paris, umwuchert von Schlingpflanzen, umgrünt und umblüht vom Reichthum des Sommers, mitten im Straßenlärm des 19. Jahrhunderts! dazwischen Palast- und Kirchentrümmer des Mittelalters, Statuen, Reliefs, Säulen und — Ruhebänke! O welche vortreffliche Einrichtung, wenn man sich müde gesehen und halb lahm gegangen, gestiegen und gestanden! Und ist es wohl zu glauben, daß die Seele es doch nicht ertragen kann, ruhig zu bleiben, wenn sie weiß, daß wenige Schritte sie vor aufgehäufte Schätze der Vergangenheit führen? So gönnte ich wirklich mir nur eine kurze Rast, und ging dann hinein in das Musée, die sehr bedeutend vermehrte Sammlung Du Sommerards. Inzwischen sah ich sehr bald, daß ich hier nur die Wahl zwischen einem antiquarischen Studium und einem cursorischen Ueberblick hatte, und wählte — wenigstens für diesmal — den letztren. Vor allen interessierte mich ein großer Teppich aus altflandrischer Zeit, auf welchem Nathan abgebildet ist, wie er in Gegenwart des Hofes und einer ganzen Engelschaar, in welcher alle Tugenden vertreten sind, dem König David und der „Versaba" eine Strafpredigt hält; eine Arbeit, wie wir von derselben Künstlerhand im bayrischen Nationalmuseum eine ähnliche besitzen, wo die Strafe des Himmels einem burgundischen Fürsten angedroht wird. — Noch mehr aber interessierte mich das goldene Antependium Kaiser Heinrich's II. aus Basel, dieses kostbare Denkmal deutscher Bildhauerei des 11. Jahrhunderts, dessen Errettung vor dem Schmelztiegel Bayern, dem sie denn doch vor Allen obgelegen hätte, dem Kaiser der Franzosen überlassen hat. Es ist schwer, ein Klagelied nicht zu schreiben! — Aber noch ältere Denkmäler deutscher Kunst gibt es hier zu bewundern! Da sind neun Kronen westgothischer Könige, darunter eine besonders prachtvolle des K. Reccensuinthus vom J. 672. Dann findet der Alterthümler und Raritätensammler hier zwischen Monstranzen und Bischofsstäben, Crucifixen und Reliquienkästen aus dem 11., 12., 13. Jahrhundert, auch eine Reliquie aus dem 18.: die Kinnlade Molière's! Doch genug für heute der Sehenswürdigkeiten von Paris!

XV

Versailles. Napoleon's Grab.

Am heutigen Sonntag springen die großen Wasser von Versailles! — wer hätte Seelenstärke genug, sich fern zu halten? Ganz Paris scheint nach der Eisenbahn zu strömen; schwimmen wir mit dem Strom! In Paris kann man leicht in den Geruch der Ketzerei kommen, wenn man die Garten-Anlagen von Versailles nicht „magnifique", die springenden Wasser nicht für „superbe" und „grandiose" erklärt. Ich bin unvorsichtig genug gewesen, und habe am Samstag, wie am Montag meine Meinung ausgesprochen und — die Ketzermütze auf's Haupt bekommen. Mag rühmen, wer will, diese glatten Laubwände, diese zu Pyramiden und Riesenpilzen zugeschnittenen Bäume: — ich lobe, auch im Garten, mir den freien Wuchs bei gewählter Anordnung, Blumenbeete und Brunnen, deren Leben nicht, wie die Wasserfälle in der sächsischen Schweiz, nur auf Minuten oder Stunden beschränkt ist.

Die historische Galerie im Schloß, die großgemeinte Schöpfung Louis Philipp's, würde mehr ihrem

Zweck entsprechen, wenn sie chronologisch geordnet wäre. Aber dies Durcheinander der Zeiten, wo man zugleich in den Kreuzzügen und auf dem Schlachtfeld von Jena sich befindet, oder vom 14. Jahrhundert in's 18. überspringt und im nächsten Saal wieder in's 15. zurück versetzt wird, ermüdet fast noch mehr, als die Zahl von 1000 Statuen und 4000 Bildern, die dem Beschauer geboten werden, und unter denen die Siegesbilder aus der Krim und aus dem jüngsten italienischen Kriege gegen Vernet's Gemälde aus den algerischen Feldzügen doch gar zu erschreckend abfallen. Eines aber muß ich doch rühmend hervorheben, das gegenüber der endlosen Menge von Besuchern und im Vergleich von ähnlichen Gelegenheiten bei uns besonders empfehlenswerth erscheint: die große Liberalität, mit welcher den Tausenden, die an Einem Tage kommen, ganz unentgeltlich der Eintritt gestattet, jede freie Bewegung, d. h. jedes beliebige Gehen oder Verweilen gegönnt ist; und die musterhafte Ordnung, mit welcher dann doch einer Verwirrung der Massen vorgebeugt ist. Denke ich dabei an Dresden, wo man sich für den Besuch der historischen Bildersääle im Schloß beim Hofmarschallamt für Geld eine Einlaßkarte holen muß; oder an München, wo nur eine beschränkte Zahl Besuchender eintreten kann, dem Führer auf sein Gebot durch die Sääle folgen und endlich ihm die hohle Hand füllen muß, so fühle ich etwas wie Schaamröthe in meinem Gesicht.

Sollten wir wohl Paris verlassen, ohne dem großen Kaiser unsern Zoll der Erinnerung gebracht, sein Grab besucht zu haben? Schon einmal waren wir vergeblich dort gewesen: es ist nur zu bestimmten Stunden zugänglich und nicht vom Invaliden-Palast aus, wohin wir gefahren waren. Ich bin von Kindesbeinen an gewohnt gewesen, Napoleon als den Feind Deutschlands, als einen Attila oder Dschinchis-Chan zu betrachten; im glühenden Haß gegen ihn bin ich aufgewachsen und die Jubelfeste Deutschlands über seine Niederlagen habe ich, ein Knabe von 14 und 15 Jahren, begeistert mit gefeiert. Mit den Jahren haben sich seine Züge vor meinen Augen etwas verändert — zum Freund meines Vaterlandes aber ist er darum nicht geworden. Frankreich dagegen würde ich begreifen, wenn ihm für seinen glorreichsten Helden keine Ehren hoch genug, keine Begeisterung zu glühend, kein Denkmal zu mächtig sein würde. Seine Rückkehr von St. Helena ist vom Lande nicht aufgenommen worden, wie einst die Rückkehr von Elba; sein Grab ist ein Denkmal der ersten: kühl und kahl und seelenlos! Auch die Asche des Mannes, der wenigstens eine Zeitlang das Jahrhundert beherrschte und in Staunen erhielt, zu dessen Füßen sich Fürsten krümmten und auf dessen Wink sich

Staaten auflös'ten oder bildeten, sollte nicht in der Tiefe eines Bärenzwingers liegen, von dessen Galerie die neugierige Menge hinabschaut, um am Fuße des Sarkophags einige Schlachtennamen zu lesen. Das hat selbst Max in Innsbruck besser erfahren, zu dessen Sarg und Statue das Auge emporblicken muß, und der von den Standbildern großer und theurer Menschen umringt ist. Kahl, kühl und seelenlos! das war der Eindruck, mit dem ich den Dom der Invaliden und das Grab des großen Kaisers verließ.

XVI.

Abschied von Paris. Reisegedanken. Beaune. Hospital St. Antoine Roger v. d. Weyden. Dijon. Abschied von Frankreich.

Das aber war nicht der Eindruck, mit dem ich Paris verlassen. Groß, schön, unvergleichlich — das ist Paris! Ja, ich mußte mir sagen, daß ich für einen Fremdling mich halten würde in der Jetztzeit, für einen Gefangenen der Vergangenheit, wenn ich Paris, das heutige Paris nicht gesehen hätte. Und am Ende: wie wenig habe ich gesehen, in wenig Tagen sehen können! Aber das Gesehene und Erlebte reicht vollkommen hin, mein Bekenntniß zu rechtfertigen.

Außerdem hatte Freund Hittorf dafür gesorgt, die letzten Stunden in Paris uns zu den angenehmsten zu machen. Wir brachten sie in seinem Hause und seiner Familie unter trefflichen Freunden hin, so daß dem genuß- und studienreichen Aufenthalt in Paris auch der gemüthliche Schluß nicht fehlte, ohne den eine deutsche Seele das Leben für unvollständig und unbefriedigend hält.

Es war früh am Tage, als wir Paris verließen

und doch waren die Straßen alle belebt. Von allen Seiten strömte Zufuhr herbei an Lebensmitteln für die hochangewachsene Bevölkerung; überall war man beschäftigt, die Straßen, Zimmern gleich, zu säubern. Wie beschämt mußte ich an manche deutsche Stadt, vor allen an das sonst so reich ausgestattete München denken, wo uns immer nur die Wahl zwischen tiefem Koth oder wildem Staub auf Straßen und Plätzen gelassen ist! Und wie leicht wär es grade da, wo das starke Gefäll der Isar eine große Wasserkraft zur Verfügung stellt, und wo der Gartenboden einer steten Aufbesserung so sehr bedarf! Ich mußte den Gedanken weiter folgen. Läßt man nicht Leute reisen, um vieltausendjährige Gräber zu durchsuchen, Naturalien-Cabinette zu vervollständigen, alte Handschriften zu vergleichen, Höhenmessungen vorzunehmen u. a. m.? Alles unbedingt mit vollem Rechte. Aber warum sendet eine Gemeinde-Verwaltung nicht fähige Männer aus, wahrzunehmen, was an andern Orten Nachahmungswerthes geschehen ist zur Förderung des Gemeinwohls, der Gesundheit, der Sicherheit, der Bequemlichkeit, des Wohlbehagens? Ich will nur an einige Hauptgebrechen in der Heimath erinnern, die leicht zu beseitigen sein würden. In jeder größern Stadt sind die Droschken durch alle Straßen vertheilt, und fast immer in Bewegung: in München haben sie einige wenige Plätze als Standorte, so daß man erst nach ihnen zu schicken und einen Curs zu bezahlen hat, ehe man nur einsteigt; dazu verschwinden sie nach 7 Uhr Abends, und im Bahnhof ist höchst selten eine ausreichende Anzahl; zuweilen sogar nicht eine einzige! — Durch Neubauten oder Hausreparaturen wird in München nicht allein das Trottoir, sondern auch ein Theil der Fahrstraße abgesperrt, so daß man an solchen Stellen genöthigt ist, durch Koth oder Staub einen Ausweg zu suchen: in Berlin sind die Baugerüste so eingerichtet, daß Trottoir und Straße unter ihnen freien Durchgang haben. Und wie überhaupt sind Trottoirs, Fahrstraßen und freie Plätze fast noch durchgängig in den neuen Stadttheilen Münchens gepflastert! Mit aufgestreutem, oft sehr grobem Kalkkies, der — anfangs eine Tortur für Füße und Schuhwerk — in wenigen Wochen zu Staub oder Koth zertreten oder zerfahren ist. — In allen größern Städten, selbst Deutschlands, sind Nachts die Straßen erleuchtet: in München werden nach 11 Uhr (früher sogar nach 10 Uhr) die Gasflammen der Laternen bis auf einige wenige ausgelöscht. — Ueberall werden die großen freien Plätze mit Bäumen und Gartenanlagen in gesunde und erfreuende Spaziergänge verwandelt: in München bleibt der endlose Dultplatz eine Sand- und Staubwüste. — Wie weit ist man jetzt fast überall in der Sicherung gegen Brandunglück durch fließendes Wasser in allen

Stockwerken! Wie angenehm ist es im Hausflur, die Namen der Inwohner und die Bezeichnung ihrer Wohnungen zu finden! — Doch ich vergesse ganz, daß ich nicht abgesendet worden bin, Studien zu sammeln für die Verbesserung heimathlicher Zustände.

Der Zug war in Fontainebleau angekommen, wo gerade der Hof sich aufhielt, und wieder trat der Mann vor meine Seele, dem so Großes, so Unglaubliches gelungen. Ich führte vor meinem Gedächtniß vorüber, was ich während meines kurzen Aufenthaltes in Frankreich gesehen, gehört und erlebt: den Landbau in ungewohnter Entfaltung seiner Kräfte; ungeheure Ausdehnung des Verkehrs und weitverbreiteten Wohlstand; überall Beschäftigung und Thätigkeit der arbeitenden Classen; Ruhe und Ordnung im öffentlichen Leben; Schweigen jeder Opposition, jedes Tadels, jedes Zweifels; Sicherheit in allen Schichten der Bevölkerung bis in die obersten Regionen. Wie war, wie ist das alles möglich, mußte ich mich fragen, namentlich im Land und Volk der Revolutionen? und fand keine andre Antwort, als: „durch die rücksichtsloseste Gewalt!“ Freie Presse — Associationsrecht — Volksvertretung und Alles geht in Rauch auf! Es ist dem dritten Napoleon gelungen, das Ideal eines Polizeistaates aufzuführen, und zwar eines solchen, in welchem sich leben, ja sehr angenehm leben läßt, wenn man in sich alle Anforderungen an Freiheit und Selbständigkeit — zur Ruhe verwiesen hat. Unverkennbar ist diese Regierung eine rein persönliche; sie steht und fällt mit dem Kaiser, wenn er früher vom Schauplatz seiner Thätigkeit abberufen werden sollte, als sein Nachfolger die vollkommene Fähigkeit erlangt haben würde, an seine Stelle zu treten; denn die Freiheit kann sich wohl ergeben, aber sie stirbt nicht!

Gegen 2 Uhr Nachmittags waren wir in Beaune in Burgund. Man kann sich kaum einen grelleren Gegensatz denken, als den zwischen Leben und Aussehn von Paris und dieser kleinen Provinzialstadt. Mir war's, als wär ich plötzlich in eine der kleinen abseits liegenden, vergessenen Marktflecken, aus der Gegenwart weit zurück ins Mittelalter versetzt. Ein hoher, von alten Linden beschatteter Wall, ein tiefer, mit Sumpfwasser angefüllter Graben, aus dem hohe Mauern und dicke, grün überwachsene Thürme emporragen, umgeben die Stadt; enge Thore öffnen den Zugang, das Straßenpflaster gleicht einem Barricadenbau, Cavallerie kann darauf nicht ihre Kraft entfalten, und ein Fußgänger eine eilige Flucht nicht bewerkstelligen. Die Frage nach einem Hôtel ward mit Achselzucken beantwortet. Endlich wies man uns „le Chevreuil“ als das erste und beste. Man tritt von der Straße entweder in die Küche oder in den Speisesaal; es ist schwer zu sagen, an welcher von beiden Stellen der Appetit weniger Gefahr läuft. Wären die Straßen nicht so schmutzig, man müßte fürchten, hier sein Schuhwerk zu besudeln. Eine dritte Thüre führte von der Straße über eine enge Stiege ins obere Stockwerk, wo unsre Zimmer sein sollten. Das erste enthielt außer einem Bette nichts, als zwei ungenießbare Stühle, einen blinden Spiegel, den bekannten italienischen Dreifuß als Waschtisch, und einen Fußboden von ausgetretenen Ziegelsteinen. Zum Nebenzimmer-Thürschloß wurden alle Schlüssel des ganzen Hauses vergeblich probiert: es verweigerte beharrlich den Eintritt. Die Aussichten erheiterten sich ein wenig durch die Bemerkung: nach Tische würde ein anderes, großes Zimmer frei; das sollten wir haben. Das bekamen wir denn auch; es war sogar mit Holz gedielt; aber auch — nach dem herrschenden Styl von Beaune — mit Schmutz, und zwar derart, daß gewiß noch nie ein nasser Lappen oder Besen über diese Bretter geführt worden war, noch ein andrer Tropfen Wasser, als ein unvorsichtig beim Waschen verspritzter sie benetzt hatte. Die Bedienung, männlichen Geschlechts, war nicht weniger primitiv; Rock oder Jacke schien nicht zur Livrée zu gehören, und ein Hosenträger entbehrlicher Luxus. Im Speisesaal aber deutete eine lange gedeckte Tafel, das sichtlich vielgebrauchte Tuch darüber, auf viele Tischgäste. Die stellten sich denn auch ein und mit ihnen ein sehr reichliches, stellenweis sogar gutbereitetes Mahl und ein vortrefflicher Wein. So war denn doch die Situation nicht so ganz übel, zumal wir sehr bald bei der freundlichen Wirthin eine gewisse Bonhommie vorwaltend erkannten.

Inzwischen war ich nach Beaune nicht gekommen, um seinen Wein und sein köstliches Obst zu genießen, oder seine Bewohner und deren Gebräuche und Culturzustand kennen zu lernen: mich hatte das große Hospital St. Antoine hierher geführt, oder vielmehr der Schatz, den es bewahrt, und nach dem seit langen Jahren mein Verlangen gestanden: das jüngste Gericht von Roger van der Weyden d. Ae.

Das Hospital ist dicht neben unserm Hôtel, und gibt sich durch einen reizenden gothischen Vorbau zu erkennen. Hatte die Stadt mit ihren unansehnlichen, alten Häusern, ihren unsaubern, schlechtgepflasterten Straßen, übeln Gerüchen und ihrem beengten Verkehr mich nicht gerade an die Vorzüge des Mittelalters erinnert, so zeigte das Hospital die Kehrseite, und zwar die erfreuliche dieses conservativen Sinnes. Das Hospital St. Antoine in Beaune ist eine Stiftung des burgundischen Kanzlers Rollin (dessen Bildniß wir im Louvre gesehen), vom J. 1443 und wer eintritt in dasselbe, sieht sich sogleich in die Zeit der Gründung versetzt. Nichts am Gebäude ist verfallen oder versehrt, aber auch keines Zolles Breite modernisiert; rein und fein profilieren die Giebel sich mit ihren blätterreichen Fialen und den Heiligenfiguren auf den Spitzen; alle Ornamente, alle Gliederungen, selbst die aus Holz geschnitzten sind vollkommen erhalten; im großen Krankensaal Decken und Wände, Tische, Betten, alle, selbst die kleinsten Möbel, ja sogar die Bettvorhänge aus der Zeit der Gründung, unverändert alles bis auf diesen Tag! Wie eigenthümlich ist der Hof mit seiner hölzernen Galerie und den vielen seltsam ausgeschnittenen Giebeln mit Spitzen, Kronen und Fähnchen! Und im Gegensatz gegen diese nordischen Kunstformen die blühenden Orangenbäume im Hofe ringsum!

Die Pflege der Kranken wird von Nonnen ausgeübt und eine wohlthuende Stille beherrscht das ganze weitläufige Gebäude; nur im anstoßenden Garten ergingen sich Reconvalescenten in lebhaften Gesprächen. Nachdem wir durch alle Räume des Hospitals, Küche, Apotheke, Kirche nicht ausgenommen, geführt worden, gelangten wir in den großen Sitzungssaal und zu dem großen Altarwerk, das man aus der Kirche hierher versetzt hat; zu meiner großen Freude, da es hier jedenfalls besser geschützt und dem Studium zugänglicher ist.

Das Altarwerk war geschlossen, so daß man zuerst nur die Außenseiten sah: grau in grau den Patron des Klosters, St. Anton, und den heil. Sebastian, darüber die Verkündigung und an den beiden äußersten Flügeln den Stifter, Kanzler Rollin, und an der andern Seite seine Gattin Guegonne de Salins; sie ungefähr 40, er gegen 70 Jahr alt. Die Bildnisse sind in hohem Grade charakteristisch gezeichnet und im großen Styl ausgeführt; in den Grisaillen vermißte ich die Meisterhand.

Wie aber wurde ich überrascht, als die Flügel sich öffneten und in fünf Tafeln das jüngste Gericht vor mir stand. Wie im verflossenen Jahre, als ich vor das Danziger Bild trat, der erste Eindruck desselben war: „nicht von Memling!“ so rief dies Werk aus allen Theilen mir entgegen: „hier siehst du den Meister des Danziger Bildes!“ In der That: es ist dasselbe Bild in erster, kurzgefaßter Ausgabe. Die Anordnung im Allgemeinen, die Hauptmotive, bis selbst auf die goldne Himmelspforte, die Charakteristik, der Styl der Zeichnung, der Ton der Färbung alles wie in Danzig, nur jünger, noch nicht so entwickelt und darum auch nicht von der vollendeten Ausführung, die jenes Gemälde bis in die kleinsten Theile auszeichnet. Da Meister Roger glaubensscharf bei der Auferstehung des Fleisches stehen, und seine Auferstandenen somit ohne Bekleidung geblieben; der Anblick aber von Menschen beiderlei Geschlechts ohne Kleider und Wäsche für die Nonnenaugen der Hospital-Pflegerinnen bei der geistlichen Oberbehörde Bedenken erregt haben mag, so ist alles Fleisch, was aus der Erde kommt, zum Himmel geht oder in die Hölle fährt, bis auf Hände und Köpfe derart überschmiert, daß weder Form, noch Stellung, Bewegung und Lage mehr zu erkennen ist. — Nachdem ich mir vom Maire die Erlaubniß geholt, hier zu studieren und zu zeichnen, so begann ich am andern Morgen meine Arbeit mit unsäglicher Lust und stets wachsender Befriedigung. Ich werde meine Zeichnungen und meine Bemerkungen in den „Denkmalen deutscher Kunst“ veröffentlichen und beschränke mich deshalb hier auf das Gesagte.

So große Freude mir aus dem eingehenden Studium von Meister Roger's Werk, dem, der Zeitfolge nach, zweiten bekannten nach den Sacramenten aus Dijon, erwuchs, war ich denn doch froh, als wir der Stadt Lebewohl sagen konnten, in der man über Reinlichkeit, namentlich an unnennbaren Orten noch sehr unklare Vorstellungen hat, und das Zimmer nicht mehr betreten mußten, das vielleicht selbst in Italien Anstoß erregen würde. Wie lachend aber, wie herrlich ist das Land mit seinen Wein- und Getreidefeldern und der unvergleichlichen Obstbaumzucht! Kein Wunder, daß das die Herrscher Frankreichs gereizt hat zur Besitzergreifung! wohl aber ein Wunder, daß das deutsche Reich „das herrlichste von allen“, wie Körner singt, es sich hat entreißen lassen!

Dijon, die Hauptstadt von Burgund, heiter, schön, glänzend, mit lebendigem Verkehr, zeigt noch viele Spuren seines deutschen Mittelalters, vornehmlich mehre — freilich dem Verfall gewidmete — Denkmale kirchlicher Baukunst, wie die zum Heumagazin gewordene Kirche St. Philibert. An der Architektur der Kirche St. Benigne müssen die wunderlich antikisierenden Ornamente, Capitäle von Rosen, Eichen- und Weinlaub in korinthischer Weise angeordnet, inmitten gothischer Nischen und Säulen auffallen.

Vornehmlich aber ist in Dijon das städtische Museum des Besuchs werth. Außer verschiedenen Altarwerken aus dem 14. und 15. Jahrhundert, verdienen die Grabmäler der burgundischen Herzöge, Johanns des Unerschrocknen, dann seines Sohnes Philipps des Guten mit Isabella von Portugal besondere Beachtung. Es sind sehr große viereckige Sarkophage von Marmor, mit den überlebensgroßen auf ihnen liegenden Gestalten der Entschlafenen; an den vier Ecken knieen Engel, Löwen liegen zu den Füßen, das Postament ist durchbrochen, als ob ein offner Bogengang um dasselbe geführt wär; darin bewegt sich ein

Trauerzug von Mönchen und zum Theil verhüllten Gestalten. Schön in Haltung, ausdrucksvoll in Bewegung, fein und kenntnißvoll in der Ausführung, sehr edel im Styl. Beide Werke, in denen auch Farbe und Gold angewendet worden, gehören zu den herrlichsten Kunstdenkmalen des 15. Jahrhunderts.

Von den Altarwerken fiel mir besonders eines vom Jahr 1386 auf, das außer vielen Darstellungen in vergoldeter Holzschnitzerei Gemälde enthält eines Meisters Melchior Bröderlein aus dem 14. Jahrhundert, dessen Name mir noch unbekannt war, der aber eine Stelle in der Geschichte deutscher Kunst wohl verdient.

Der Tag der Rückkehr aus Frankreich war gekommen; die Eisenbahn sollte uns noch heut nach Neufchatel führen. Der Weg bis Dole geht durch gut bebautes, flaches Land. Von da wird die Gegend immer mannichfaltiger und schöner. Immer näher kommt man den Bergen, die in blauem Duft noch eben erst den Horizont begrenzten. Die Eisenbahn ist in der Höhe fortgeführt und man sieht hinab und hinaus auf unabsehbare Weinfluren, auf größere und kleinere Ortschaften, Waldstrecken, Aehrenfelder, in ein wohlgeordnetes, wohlhäbiges, beglücktes Leben, auf das an diesem Tage obendrein die Sommersonne ihre glänzendsten Strahlen warf. Ich nahm Abschied von

Frankreich mit leichterm Herzen, als früher, wo mich stets ein Gefühl des Unmuths über das Erlebte oder über die Zustände, die sich dem Auge darboten, begleitete. Diesmal hatte ich vieles gesehen, was mich angenehm überraschte, vieles dem ich eine warme Theilnahme und Anerkennung nicht versagen konnte. Wie die mittelalterliche Kunst Frankreichs sich von der deutschen nur durch feine, kaum bestimmbare Züge scheidet; wie französische Kunstleistungen der Gegenwart sich eng anschließen an die Bestrebungen unsers Cornelius, Veit, Overbeck: so war auch mir Frankreich nicht mehr das seelenfremde Land und ich wiederholte mir mein Bekenntniß: „die Gegenwart kennt nicht, wer das neue Paris nicht sah!“ und fuhr über die Schweizer Grenze der Heimath zu.

FSC
www.fsc.org
MIX
Papier | Fördert
gute Waldnutzung
FSC® C083411